MOEWIG
SCIENCE FICTION

Zum Buch

The Planet Savers (Retter des Planeten/Expedition der Bittsteller) ist die erste Darkover-Erzählung von Marion Zimmer Bradley. Auf diesen knapp einhundert Seiten legt die Autorin den Grundstein zu einem SF-Kosmos, den man guten Gewissens als die Welt der Marion Zimmer Bradley bezeichnen kann. Es war ein langer Weg von diesen Anfängen bis heute; inzwischen umfaßt der Zyklus über die Welt unter der roten Sonne sechzehn Romane und fünf von der Autorin herausgegebene Storybände (drei davon liegen bei Moewig in deutscher Übersetzung vor). Neben der ersten Darkover-Erzählung enthält dieser Band Beiträge, die sich mit dem schriftstellerischen Werk der Autorin auseinandersetzen, Anmerkungen zur Biographie sowie eine Bibliographie.

Zur Autorin

Marion Zimmer Bradley, Jahrgang 1930, entdeckte ihre Liebe zur Science-Fiction-Literatur bereits im Alter von 16 Jahren. Ihre erste eigene Story erschien 1953 in dem Magazin *Vortex SF*, und schon ihr erster Kurzroman *Bird of Prey* (1957) war nicht nur ein Volltreffer – er legte auch den Grundstein für den großangelegten Zyklus um *Darkover*, den Planeten der blutroten Sonne, mit dem die Autorin zu Weltruhm gelangte.
Mit zunehmendem Erfolg und der damit verbundenen Selbständigkeit, dem Zwang zur SF-Massenproduktion entronnen, konnte Marion Zimmer Bradley die Qualität ihrer Romane immer weiter verbessern und auf die Probleme eingehen, die ihr am Herzen liegen – so die Stellung der Frau in der SF und die Beziehungen der Geschlechter unter völlig neuen Bedingungen. Heute ist Marion Zimmer Bradley die mit Abstand bekannteste, erfolgreichste und beliebteste SF-Autorin der Welt. Um ihre *Darkover*-Romane hat sich längst ein regelrechter Kult gebildet, der auch in Deutschland immer mehr Anhänger gewinnt.

DIE WELT DER Marion Zimmer Bradley

RETTER DES PLANETEN

Die erste Darkover-Erzählung

Mit Essays zur Autorin und Bibliographie

MOEWIG

MOEWIG Band Nr. 3856
Verlagsunion Erich Pabel-Arthur Moewig KG, Rastatt

4. Auflage
Originalausgabe
The Planet Savers

Aus dem Amerikanischen von Ronald M. Hahn
Geschlechterkampf auf Darkover

Die Frauen bei Marion Zimmer Bradley

Von Albany nach Berkeley

Umschlagentwurf und -gestaltung: Franz Wöllzenmüller, München
Umschlagillustration: Marion und Doris Arnemann
Auslieferung in Österreich:
Pressegroßvertrieb Salzburg Gesellschaft m.b.H.,
Niederalm 300, A-5081 Anif
Printed in Germany 1991
Druck und Bindung: Elsnerdruck, Berlin
ISBN 3-8118-3856-3

Inhalt

Marion Zimmer Bradley

Retter des Planeten

1.

Als ich mein Bewußtsein zurückerlangte, dachte ich, ich sei allein. Ich lag auf einer ledernen Couch in einem kahlen weißen Raum mit großen Fenstern und aus Glasziegeln bestehenden Wänden. Hinter den durchsichtigen Scheiben erblickte ich schneebedeckte Berggipfel, die dort, wo meine Sicht von den Glasziegeln behindert wurde, wie bleiche Schatten wirkten.

Die Gewohnheit und meine Erinnerungen wiesen dem kahlen Büro, dem orangefarbenen Leuchten der großen Sonne und den schimmernden Bergen sofort Namen zu. Aber hinter einem polierten Glastisch saß ein Mann und beobachtete mich. Ich kannte ihn nicht.

Er war pausbäckig, nicht mehr jung, hatte ingwerfarbene Augenbrauen und einen rotbraunen Haarkranz, der sich um seinen ansonsten kahlen, rosafarbenen Schädel zog. Er trug eine weiße Uniformjacke, und der verschlungene Äskulapstab auf der Tasche und seinem Ärmel wies ihn als Angehörigen des Medizinischen Dienstes aus, der zum zivilen Hauptquartier der terranischen Handelsstadt gehörte.

All diese Beurteilungen traf ich natürlich bei vollem Bewußtsein. Sie waren einfach ein Teil meiner Welt, als ich aufwachte, und sie nahmen auf ganz normale Weise um mich herum Form an. Die Berge und die Sonne waren mir bekannt, der seltsame Mann war es jedoch nicht. Aber dann sprach er mich auf eine derart freundliche Weise an, als sei es für ihn etwas ganz Normales, in seinem Büro auf einen völlig fremden Menschen zu treffen, der hier seinen Mittagsschlaf abhielt.

»Würde es Ihnen etwas ausmachen, mir Ihren Namen zu sagen?«

Seine Frage war berechtigt genug. Hätte ich jemanden in meinem Büro vorgefunden, der es sich dort auf die gleiche Weise bequem gemacht hätte, hätte ich ihn ebenfalls nach seinem

Namen gefragt. Ich machte Anstalten, die Beine über den Couchrand zu schwingen, mußte mich aber plötzlich abstützen, denn der Raum begann unerwartet um mich zu kreisen.

»Ich würde mich jetzt nicht aufsetzen«, empfahl mir der Mann, während der Boden sich unter mir allmählich wieder beruhigte. Dann wiederholte er in höflichem, aber bestimmtem Ton: »Ihr Name?«

»Oh, ja. Mein Name.« Er lautete . . . Ich bahnte mir einen Weg durch etwas, das sich anfühlte wie eine graue Nebelwand, versuchte meine Zunge dazu zu bewegen, einige wohlbekannte Klänge zu erzeugen und meinen Namen von sich zu geben. Er lautete . . . Nun . . . Dann sagte ich mit sich beinahe überschlagender Stimme: »Was für ein verdammter Blödsinn.« Ich schluckte. Schluckte erneut. Und schwer.

»Verlieren Sie nicht die Nerven«, sagte der pausbäckige Mann sanft. Aber das war leichter gesagt als getan. Ich starrte ihn mit wachsender Panik an und verlangte zu wissen: »Aber . . . aber . . . habe ich einen Gedächtnisschwund erlitten oder so etwas?«

»Oder so etwas.«

»Wie *heiße* ich?«

»Sachte, sachte! Ich bin überzeugt davon, daß Sie sich früh genug daran erinnern werden. Sicher können Sie mir ein paar andere Fragen beantworten. Wie alt sind Sie?«

Hastig und schnell erwiderte ich: »Zweiundzwanzig.«

Der pausbäckige Mann kritzelte etwas auf eine Karte.

»Interessant. In-ter-es-sant. Wissen Sie, wo wir uns befinden?«

Ich sah mir das Büro an. »Im Terranischen Hauptquartier. Aufgrund Ihrer Uniform würde ich sagen, im achten Stock. In der Medizinischen Ebene.«

Er nickte, kritzelte weiter und schürzte die Lippen. »Können Sie mir . . . äh . . . sagen, auf welchem Planeten wir uns aufhalten?«

Ich mußte lachen. »Darkover«, kicherte ich. »Das hoffe ich zumindest. Und falls Sie auch noch die Namen der Monde oder die Jahreszahl der Gründung der Handelsstadt oder sonst etwas wissen wollen . . .«

Er ging auf mich ein und lachte ebenfalls. »Erinnern Sie sich daran, wo Sie geboren wurden?«

»Auf Samarra. Ich kam hierher, als ich drei Jahre alt war. Mein

Vater kartographierte und erforschte . . .« Ich hielt schockiert inne. »Er ist tot!«

»Können Sie mir den Namen Ihres Vaters sagen?«

»Er hatte den gleichen Namen wie ich. Jay . . . Jason . . .« Der Blitz der Erinnerung erlosch mitten im Wort. Es war ein guter Versuch gewesen, aber er hatte nicht funktioniert. Der Arzt sagte gleichmütig: »Wir kommen ganz gut voran.«

»Sie haben mir noch gar nichts gesagt«, wandte ich ein. »Wer sind Sie? Warum stellen Sie mir all diese Fragen?«

Er deutete auf ein Namensschild, das auf seinem Tisch stand. Ich runzelte die Stirn und buchstabierte. »Randall . . . Forth . . . Leiter der Abteilung . . .« Dr. Forth machte sich Notizen. »Es muß heißen . . . *Doktor* Forth, nicht wahr?« sagte ich laut.

»Sie wissen es nicht?«

Ich sah an mir hinunter und schüttelte den Kopf. »Vielleicht bin *ich* Dr. Forth«, sagte ich und registrierte zum erstenmal, daß ich ebenfalls eine weiße Uniformjacke mit Äskulapstab trug. Aber ich hatte irgendwie ein falsches Gefühl und kam mir vor, als trüge ich die Kleider eines anderen. *Ich* war doch kein Arzt, oder doch? Ich schob vorsichtig einen Ärmel hoch und legte eine lange, dreieckige Narbe frei. Dr. Forth – inzwischen war ich mir darüber im klaren, daß *er* Dr. Forth war – folgte meinem Blick.

»Wo haben Sie die Narbe her?«

»Von einem Messerkampf. Eine dieser Banden, die die Städte nicht betreten dürfen, überfiel uns auf den Hängen, und wir . . .« Meine Erinnerung verdünnte sich plötzlich wieder, und ich sagte verzweifelt: »Es ist alles so durcheinander! Was ist überhaupt los? Warum bin ich in der Medizinischen Abteilung? Habe ich einen Unfall gehabt? Gedächtnisschwund?«

»Nicht genau. Ich werde es Ihnen erklären.«

Ich stand auf und ging unsicher auf das Fenster zu, da meine Beine sich nur langsam bewegen wollten und ich das Gefühl nicht loswurde, in einem unsichtbaren Netz zu zappeln, das mich fest- und zurückhielt. Als ich das Fenster endlich erreicht hatte, erlangte der Raum seine Festigkeit zurück, und ich sog tiefe Atemzüge warmer, süßlicher Luft in mich hinein. »Ich könnte einen Drink brauchen«, sagte ich.

»Kein schlechter Einfall. Obwohl ich es üblicherweise nicht

empfehlen würde.« Forth entnahm einer Schublade eine flache Flasche und füllte eine teefarbene Flüssigkeit in einen Wegwerfbecher. Eine Minute später schüttete er sich auch einen Drink ein. »Hier. Und setzen Sie sich hin, Mann. Es macht mich nervös, wenn Sie so herumlaufen.«

Ich setzte mich nicht, sondern ging zur Tür und öffnete sie. Forths Stimme klang verhalten und ruhig.

»Was soll das? Sie können rausgehen, wenn Sie das wollen, aber wollen Sie nicht lieber Platz nehmen und noch eine Minute mit mir reden? Außerdem – wohin wollen Sie überhaupt?«

Die Frage beunruhigte mich. Ich atmete mehrmals tief durch und kehrte dann in den Raum zurück. Forth sagte: »Trinken Sie das«, und ich schluckte es hinunter. Ungefragt füllte er den Becher erneut. Ich schluckte den zweiten Drink ebenfalls und spürte, wie sich der zähe Klumpen in meinem Magen aufzulösen und zu verschwinden begann.

»Klaustrophobie auch«, sagte Forth. »Typisch.« Er kritzelte wieder etwas auf seine Karte. Die ganze Sache ermüdete mich. Ich wandte mich um, um ihm das zu sagen, und hatte plötzlich ein amüsiertes Gefühl. Aber vielleicht war es auch nur der Alkohol, der in mir arbeitete. Er erschien mir nun wie ein lustiger, kleiner Mann, der sich in einem riesigen Büro aufhielt, mir etwas über Klaustrophobie erzählte und mich musterte wie einen bunten Hund. Ich warf den Becher in einen Papierkorb.

»Wäre es jetzt nicht an der Zeit, mir ein paar Erklärungen zu liefern?«

»Wenn Sie glauben, sie ertragen zu können? Wie fühlen Sie sich jetzt?«

»Ausgezeichnet.« Ich nahm wieder auf der Couch Platz, lehnte mich zurück und streckte der Bequemlichkeit wegen die Beine aus. »Was haben Sie in den Drink getan?«

Er lächelte. »Geheimrezept. Aber zur Sache. Der beste Weg, Ihnen eine Erklärung zu liefern, wäre, Sie einen Film anschauen zu lassen, den wir gestern gedreht haben.«

»Einen Film . . .« Ich hielt inne. »Es ist ja schließlich Ihre Zeit, die Sie verschwenden.«

Er drückte einen Knopf auf seinem Schreibtisch und sprach in ein Mikrofon. »Aufsicht? Geben Sie uns einen Monitor auf . . .«

Er rasselte eine unglaubliche Zahlenkette herunter, während ich es mir auf der Couch bequem machte. Forth wartete auf eine Antwort, dann drückte er einen anderen Knopf, und stählerne Läden legten sich lautlos über die Fenster und verdunkelten sie. Die Dunkelheit schien mir seltsamerweise normaler als das Licht zu sein, und so lehnte ich mich nach hinten und beobachtete das Geflacker, als eine Wand des Büros sich in einen großen Bildschirm verwandelte. Forth kam und setzte sich neben mich auf die Ledercouch. Auf dem Bildschirm saß er allerdings hinter seinem Tisch und beobachtete einen anderen Mann, einen Fremden, der in sein Büro kam.

Wie Forth trug auch der Neuankömmling eine weiße Uniformjacke mit Äskulapstäben. Er war mir auf den ersten Blick unsympathisch, ein großer, schlanker Bursche von stattlicher Figur mit strengen, eingekerbten Gesichtszügen. Ich schätzte ihn auf Mitte Dreißig. Der Forth im Film sagte: »Nehmen Sie Platz, Doktor.« Ich holte tief Luft und fühlte eine neugierige Spannung.

Ich bin schon einmal hiergewesen. Ich habe das schon einmal gesehen.

(Und ich fühlte mich eigenartig formlos. Ich saß da und schaute zu. Ich wußte, daß ich dort saß und zuschaute. Aber mein Zustand war wie der eines Traumes, in dem der Träumer seine Visionen gleichzeitig erlebt und mit ansieht.)

»Nehmen Sie Platz, Doktor«, sagte Forth. »Haben Sie die Berichte mitgebracht?«

Jay Allison zog sorgsam den für ihn bestimmten Stuhl heran und nahm nervös auf dem Rand der Sitzfläche Platz. Er saß gerade aufgerichtet und lehnte sich nur so weit nach vorn, wie er mußte, um einen dicken Schnellhefter über den Tisch zu reichen. Forth nahm ihn an sich, öffnete ihn aber nicht. »Was meinen Sie. Dr. Allison?«

»Es gibt keinen Grund für irgendwelche Zweifel.« Jay Allison sprach gewählt und in einem ziemlich gekünstelten, bedächtigen Tonfall. »Es folgt dem statistischen Muster aller aufgezeichneten Ausbrüche des 48-Jahr-Fiebers. Nebenbei bemerkt, Sir: Haben wir keinen besseren Terminus für diese Krankheit? Der Ausdruck ›48-Jahr-Fieber‹ weist doch eher auf ein achtundvierzig Jahre dauerndes Fieber hin, statt auf eines, das alle achtundvierzig Jahre ausbricht.«

»Ein Fieber, das achtundvierzig Jahre andauert«, sagte Dr. Forth mit einem grimmigen Lächeln, »hat wahrscheinlich die Bezeichnung Fieber verdient. Nichtsdestotrotz ist das bisher der einzige Ausdruck, den wir für die Krankheit haben. Erfinden Sie einen Begriff, dann haben Sie sie getauft. Vielleicht nennen wir sie die Allisonsche Krankheit?«

Jay Allison nahm die Spitze mit einem gequälten Stirnrunzeln zur Kenntnis. »Soweit ich es verstehe, hängt der Krankheitszyklus mit der Konstellation der Monde zusammen, die diese alle achtundvierzig Jahre einnehmen, was auch erklärt, weshalb die Darkovaner einen derartigen Aberglauben an den Tag legen. Die Monde verfolgen bemerkenswert exzentrische Umlaufbahnen. Ich weiß nicht sonderlich viel darüber, sondern zitiere lediglich Dr. Moore. Wenn es tierische Bazillenträger gibt, so haben wir sie bis jetzt noch nicht entdeckt. Im allgemeinen läuft die Sache nach folgendem Muster ab: Es gibt ein paar Fälle in den Gebirgsdistrikten, und im nächsten Monat sind es dann schon über hundert allein in diesem Sektor des Planeten. Dann kommt ein genau dreimonatiger Stillstand. Der nächste Aufschwung erhöht die Anzahl der bekannten Fälle auf einige tausend, und drei Monate *danach* hat das Fieber Ausmaße angenommen, die nicht nur erschreckend sind, sondern auch die gesamte menschliche Bevölkerung Darkovers dezimiert.«

»So ist es«, gab Forth zu. Sie beugten sich zusammen über den Schnellhefter, wobei Jay Allison, um den anderen nicht zu berühren, sich etwas zurückhielt.

»Wir Terraner«, sagte Forth, »haben seit einhundertzweiundfünfzig Jahren einen Handelsposten auf Darkover. Der erste Fieberausbruch tötete – von einem Dutzend Leuten abgesehen – alle Menschen der damals dreihundertköpfigen Besatzung. Den Darkovanern erging es noch schlechter als uns. Der letzte Ausbruch war zwar nicht so schlimm, aber noch immer schlimm genug, habe ich mir sagen lassen. Die Sterblichkeitsrate lag bei siebenundachtzig Prozent – für Menschen jedenfalls. Ich weiß, daß die Waldläufer nicht daran sterben.«

»Die Darkovaner nennen die Krankheit Waldläuferfieber, Dr. Forth, weil die Waldläufer tatsächlich gegen sie immun sind. Das Fieber ist für sie nichts anderes als eine Kinderkrankheit. Wenn sie alle achtundvierzig Jahre ausbricht und virulent wird, sind die meisten dagegen resistent geworden. Ich hatte die Krankheit als Kind übrigens selbst, vielleicht haben Sie davon gehört.«

Forth nickte. »Sie sind möglicherweise der einzige Terraner, der sie bekommen und überlebt hat.«

»Die Waldläufer sind diejenigen, die das Fieber ausbrüten«, sagte Jay Allison. »Man sollte annehmen, daß es logisch wäre, ein paar Wasserstoffbomben auf ihre Siedlungen zu werfen und sie ein für allemal auszurotten.«

(In Forths abgedunkeltem Büro auf dem Sofa sitzend, zuckte ich dermaßen entsetzt zusammen, daß er meine Schulter packte und »Beruhigen Sie sich, Mann!« murmelte.)

Der Dr. Forth auf dem Bildschirm schaute seinen Besucher verärgert an, und Jay Allison sagte, wobei er eine widerwillige Grimasse zog: »Ich habe das nicht wörtlich gemeint. Aber die Waldläufer sind nichtmenschlich. Es wäre kein Völkermord, sondern nichts anderes als Insektenvernichtung. Eine Maßnahme im Interesse der öffentlichen Gesundheit.«

Als Forth bemerkte, daß der jüngere Mann wirklich meinte, was er sagte, sah er schockiert auf und sagte: »Es würde der Obersten Galaktischen Behörde obliegen, darüber zu entscheiden, ob sie stumpfsinnige Tiere oder intelligente Nichtmenschen sind und den Status eines zivilisierten Volkes beanspruchen können. Alle bisherigen Erfahrungen auf Darkover deuten darauf hin, daß sie Menschen sind und - guter Gott, Jay, gerade Sie könnte man möglicherweise als Zeugen zu ihrer Verteidigung aufrufen! Wie können Sie, nach all den Erfahrungen, die Sie mit ihnen gemacht haben, behaupten, sie seien nichtmenschlich? Aber wie dem auch sei: Bis ihr Status entschieden ist, würde die Hälfte der erkennbar menschlichen Bevölkerung Darkovers bereits tot sein. Wir brauchen eine bessere Lösung als diese.«

Er schob seinen Stuhl zurück und sah aus dem Fenster.

»Ich wollte mich an sich gar nicht in die politische Seite der Situation hineinbegeben«, sagte er. »Sie sind an der terranischen Imperiumspolitik nicht interessiert – und ich bin in ihr kein Experte. Aber Sie müßten schon blind, taub und stumm sein, um nicht zu wissen, daß Darkover die Rolle eines unbeweglichen Objekts mit übermächtiger Kraft gespielt hat. In einigen der ursächlichen Wissenschaften sind die Darkovaner weiter fortgeschritten als wir. Und bis heute hätten sie uns niemals gestattet, daß wir einen Beitrag zu ihrer Wissenschaft leisten. Sie wissen allerdings – und geben es sogar zu –, daß unsere medizinische Wissenschaft der ihren überlegen ist.«

»Die ihre ist praktisch gar nicht existent.«

»Genau. Und das könnte den ersten Riß in der Barriere bedeuten. Es ist vielleicht noch nicht bis zu Ihnen durchgedrungen, aber der Legat hat von den Hasturs persönlich ein Angebot erhalten.«

»Sollte ich mich jetzt beeindruckt zeigen?« murmelte Jay Allison.

»Auf Darkover wäre es verdammt besser, sich beeindruckt zu zeigen, wenn die Hasturs sich erheben und Notiz von einem nehmen.«

»Ich habe gehört, sie seien Telepathen oder so etwas . . .«

»Telepathen, Psychokinetiker, übersinnlich begabt. Sie können beinahe alles. Sie sind auf Darkover praktisch so etwas wie Götter. Und einer der Hasturs – ein ziemlich junger und vielleicht unwichtiger Mann, nehme ich an –, der Enkel des Alten, kam in das Büro des Legaten, einfach so. Er machte das Angebot, daß er eine ausgewählte Gruppe von uns zu den Matrixtechnikern bringen würde, falls die terranischen Mediziner Darkover vom Waldläuferfieber befreien würden.«

»Guter Gott«, sagte Jay. Das war eine Konzession, die die kühnsten Träume Terras noch übertraf, denn seit hundert Jahren hatte man versucht, sich einiges Wissen über die rätselhafte Wissenschaft der Matrixtechnik, die ohne kernspaltende Nebenprodukte Energie in Materie und umgekehrt verwandeln konnte, zu erbetteln, zu kaufen oder zu stehlen. Die Matrixtechnik hatte die Darkovaner in der Tat für die Verlockungen fortgeschrittener terranischer Technologien immun gemacht.

»Ich persönlich glaube, daß man die Wissenschaft Darkovers überschätzt«, sagte Jay. »Aber ich sehe die Propagandawirkung . . .«

»Gar nicht zu reden von der humanitären Seite des Heilens.«

Jay Allison hatte für diese Bemerkung lediglich ein kühles Schulterzucken übrig. »Die Hauptsache scheint mir folgende zu sein: Wie bekämpfen wir das 48-Jahr-Fieber?«

»Noch nicht. Aber wir haben die Leitung. Während der letzten

Epidemie entdeckte ein terranischer Wissenschaftler in den Waldläufern ein Blutteilchen, das Antikörper gegen das Fieber enthält. Zu einem Serum abgesondert, könnten sie die Virulenz der epidemischen 48-Jahr-Form in eine mildere Version verwandeln. Unglücklicherweise starb er an der Epidemie, ohne seine Arbeit beenden zu können, und bis zu diesem Jahr hat niemand einen Blick in seine Aufzeichnungen geworfen. Wir haben jetzt achtzehntausend Männer mit ihren Familien auf Darkover, Jay. Ehrlich gesagt, wenn wir allzu viele verlieren, müssen wir uns von Darkover zurückziehen. Die Großkopfeten auf Terra würden zwar den Verlust einer Siedlung professioneller Händler hinnehmen, aber nicht den einer ganzen Handelsstadt-Kolonie. Und dabei habe ich noch nicht einmal das Prestige mit einbezogen, das wir verlören, wenn es unserer weithin gepriesenen medizinischen Wissenschaft nicht gelingt, Darkover vor einer Epidemie zu bewahren. Wir haben genau fünf Monate. In dieser Zeit können wir aber ein Serum nicht synthetisieren. Wir müssen einen Kontakt mit den Waldläufern herstellen. Deshalb habe ich Sie auch rufen lassen. Sie wissen mehr über die Waldläufer als jeder andere Terraner. Und das müssen Sie. Sie haben acht Jahre in einem Nest zugebracht.«

(In Forths verdunkeltem Büro straffte sich meine Gestalt in einem Blitz zurückkehrender Erinnerung. Jay Allison, schätzte ich, war einige Jahre älter als ich, aber eines hatten wir gemeinsam: Dieser kalte Fisch von einem Mann teilte mit mir die Erfahrung, wundersame Jahre auf einer fremdartigen Welt zugebracht zu haben!)

Jay Allison runzelte unwillig die Stirn. »Das ist Jahre her. Ich war kaum mehr als ein Säugling. Mein Vater baute während einer Kartographierexpedition über den Hellers eine Bruchlandung – und Gott allein weiß, was ihn dazu trieb, den Versuch zu unternehmen, mit einem dieser Segelflugzeuge zu fliegen. Ich hätte den Absturz um ein Haar nicht überstanden und lebte fortan unter den Waldläufern – das hat man mir erzählt –, bis ich dreizehn oder vierzehn war. Ich erinnere mich nicht mehr an allzuviel. Kinder sind meistens keine guten Beobachter.«

Forth lehnte sich über den Tisch und starrte ihn an. »Sie sprechen ihre Sprache, nicht wahr?«

»Ich sprach sie damals. Ich nehme an, daß ich mich unter Hypnose an sie erinnern würde. Aber warum? Wollen Sie, daß ich etwas für Sie übersetze?«

»Nicht unbedingt. Wir haben daran gedacht, Sie selbst auf eine Expedition zu den Waldläufern zu schicken.«

(Im abgedunkelten Büro beobachtete ich Jays überraschtes Gesicht und dachte: Gott, was für ein Abenteuer! Ich fragte mich – ich fragte mich, ob sie wollten, daß ich ihn begleite.)

Forth meinte: »Es würde eine schwierige Reise werden. Sie wissen, wie es in den Hellers ist. Aber bevor Sie in den medizinischen Dienst gingen, war Bergsteigen Ihr Hobby.«

»Ich habe diese kindische Phase bereits vor Jahren hinter mich gebracht, Sir«, sagte Jay steif.

»Wir würden die besten Führer bekommen, sowohl Terraner als auch Darvokaner. Aber eines können auch sie nicht, im Gegensatz zu Ihnen. Sie *kennen* Waldläufer, Jay. Sie sind möglicherweise in der Lage, sie dazu zu bewegen, etwas zu tun, was sie nie zuvor getan haben.«

»Und was meinen Sie damit?« Jay Allisons Stimme hörte sich mißtrauisch an.

»Aus den Bergen herauszukommen. Uns Freiwillige zu schikken – Blutspender. Wenn wir genug Blut bekämen, mit dem wir arbeiten könnten, und es uns gelänge, genügend dieser Teilchen zu isolieren und zu synthetisieren, könnten wir in absehbarer Zeit die Epidemie daran hindern, katastrophale Formen anzunehmen, Jay. Es ist eine harte Mission, und sie ist gefährlich wie eine Reise in die Hölle, aber irgend jemand muß sie ausführen, und ich fürchte, Sie sind der einzige geeignete Mann dafür.«

»Mein erster Vorschlag gefällt mir besser. Bomben Sie die Waldläufer – und die Hellers – einfach von diesem Planeten weg.« Jays Gesicht zeigte deutlichen Abscheu, aber eine Minute später hatte er sich wieder unter Kontrolle und fügte hinzu: »Ich . . . ich habe es nicht so gemeint. Theoretisch kann ich die Notwendigkeit einsehen, nur . . .« Er hielt inne und schluckte.

»Sagen Sie bitte das, was Sie sagen wollten.«

»Ich frage mich, ob ich wirklich so qualifiziert bin, wie Sie denken. Nein – unterbrechen Sie mich nicht –, ich halte die Eingeborenen von Darkover für widerwärtig, selbst die, die Menschen sind. Und was die Waldläufer angeht . . .«

Ich wurde von einer ungeheuren Wut und Ungeduld erfaßt und flüsterte Forth durch die Dunkelheit zu: »Schalten Sie diesen gottverdammten Film ab! *Diesen* Kerl können Sie doch nicht mit einer *solchen* Aufgabe betrauen. Ich würde eher . . .«

Forth fauchte: »Halten Sie den Mund und hören Sie zu!«

Ich tat, was von mir verlangt wurde.

Jay Allison schauspielerte nicht. Er fühlte sich verletzt und beleidigt. Forth ließ ihn nicht einmal zu Ende erklären, warum er es abgelehnt hatte, im Medizinischen Kolleg, das vom Terranischen Imperium für die Darkovaner gegründet worden war, zu lehren. Er unterbrach ihn, und seine Stimme klang entrüstet, als er sagte: »All das wissen wir. Ist Ihnen eigentlich niemals klargeworden, Jay, welche großen Ungelegenheiten es uns bereitet, daß das ganze Wissen, das wir benötigen, ausgerechnet – durch puren Zufall – in einem Mann verankert ist, der zu stur ist, es auch zu benutzen?«

Ich hätte mich gewunden, aber Jay zuckte nicht einmal mit einem Augenlid. »Das ist mir zu jeder Zeit bewußt gewesen, Doktor.«

Forth atmete tief ein. »Ich muß Ihnen eingestehen, daß Sie im Moment nicht ertragbar sind, Jay. Aber was wissen Sie über angewandte Psychodynamik?«

»Sehr wenig, muß ich gestehen.« Allisons Worte klangen jedoch nicht bedauernd. Ihn schien die ganze Diskussion offensichtlich zu Tode zu langweilen.

»Darf ich ein wenig direkter sein – und persönlicher?«

»Nur zu. Ich bin nicht besonders empfindlich.«

»Dann muß ich Ihnen grundsätzlich sagen, Dr. Allison, daß eine Persönlichkeit, die so unzugänglich und repressiv ist wie Sie, in der Regel über eine klar erkennbare Unterpersönlichkeit verfügt. In neurotischen Individuen bricht dieser Persönlichkeitskomplex gelegentlich auseinander, und wir erleben dann ein Syndrom, das man mit dem Begriff der multiplen oder gespaltenen Persönlichkeit bezeichnet.«

»Ich habe ein paar Vorlesungen über klassische Fälle besucht.

Gab es nicht sogar einmal eine Frau, die vier Persönlichkeiten in sich trug?«

»Genau. Sie sind allerdings nicht neurotisch, und unter normalen Umständen gäbe es nicht die geringste Chance, daß Ihre unterdrückte Zweitpersönlichkeit Sie übernehmen könnte.«

»Vielen Dank«, murmelte Jay ironisch. »Ich wäre sonst wohl nicht mehr zum Einschlafen gekommen.«

»Trotzdem vermute ich, daß Sie eine solche Zweitpersönlichkeit *besitzen*, obwohl sie normalerweise irgendwie zum Vorschein kommen müßte. Diese Persönlichkeit – wir wollen Sie J nennen – würde alle Charakteristiken aufweisen, die Sie unterdrücken. Sie würde dort, wo Sie zurückhaltend sind und sich auf den Beobachterstandpunkt zurückziehen, lebhaft sein; das Abenteuer suchen, wo Sie vorsichtig sind; gesprächig, wo Sie schweigsam sind; sie würde vielleicht die Aktion um ihrer selbst willen genießen, wo Sie Leichtathletik betreiben, um ihre Gesundheit zu erhalten. Sie könnte sich sogar mir Vergnügen statt mit Widerwillen an die Waldläufer erinnern.«

»Kurz gesagt – sie wäre ein Ausbund aller nicht erstrebenswerten Charaktereigenschaften?«

»So könnte man es auch sehen. Ganz bestimmt wäre es eine solche Persönlichkeit, die alle Charaktereigenschaften, die Sie, Jay Allison, für nicht erstrebenswert *halten*, in sich vereinigte. Aber – wenn man Sie durch Hypnose und Suggestion zum Vorschein brächte, wäre sie genau die richtige, um die nötige Arbeit zu erledigen.«

»Aber woher wollen Sie wissen, daß ich über eine solche Zweitpersönlichkeit verfüge?«

»Ich weiß es eben nicht. Aber man kann es annehmen. Die meisten repressiven . . .« Forth hüstelte und fuhr fort: » . . . die meisten *disziplinierten* Persönlichkeiten besitzen eine solche Zweitpersönlichkeit. Stellen Sie nicht hin und wieder fest – auch wenn es selten vorkommt –, daß Sie ab und zu Dinge tun, die gar nicht zu Ihrem Charakter passen?«

Ich konnte beinahe fühlen, wie unangenehm es Allison war, dies zugeben zu müssen. »Nun ja. Neulich zum Beispiel überraschte ich mich dabei, wie ich . . .« Er warf einen raschen Blick auf seine Uniformjacke. » . . . obwohl ich konservative Kleidung bevorzuge . . .« Er hielt erneut inne, und sein Gesicht wurde puterrot, als er schließlich murmelte: ». . . wie ich mir ein geblümtes, rotes Sporthemd kaufte.«

In der Dunkelheit sitzend, empfand ich ein schwaches Mitleid mit dem armen Tölpel, der sich der einzigen menschlichen Regung, die ihn je verunsichert hatte, schämte. Allison runzelte verzweifelt die Brauen. »Es war ein . . . verrückter Impuls.«

»Das könnte man sagen. Man könnte diesen Impuls aber auch als eine Aktion des unterdrückten J werten. Was halten Sie davon, Allison? Sie sind vielleicht der einzige Terraner auf Darkover, der in das Nest eines Waldläufers vordringen könnte, ohne umgebracht zu werden.«

»Sir – als Bürger des Imperiums habe ich doch gar keine andere Wahl, oder doch?«

»Schauen Sie, Jay«, sagte Forth – und ich hatte das Gefühl, daß er den Versuch unternahm, eine Barriere zu durchstoßen und diesen kalten, beherrschten jungen Mann wirklich zu berühren –, »wir könnten keinem Menschen *befehlen*, einen solchen Auftrag zu übernehmen. Abgesehen von den natürlichen Gefahren, könnte es Ihr persönliches Gleichgewicht zerstören, und das vielleicht für immer. Ich bitte Sie, sich für etwas freiwillig zu melden, das weit über Ihre Pflicht hinausgeht. Von Mann zu Mann – was sagen Sie dazu?«

Ich wäre von diesen Worten bewegt gewesen. Selbst mich, den unbeteiligten Beobachter, bewegten sie. Jay Allison schaute zu Boden, und ich sah, wie er seine wohlgepflegten Chirurgenhände knetete und mit einer fahrigen Bewegung die Knöchel knacken ließ.

Schließlich sagte er: »Wie man es auch dreht und wendet, Doktor, ich habe keine Wahl. Aber ich will es versuchen und zu den Waldläufern gehen.«

2.

Der Bildschirm wurde wieder dunkel, und Forth knipste das Licht an. Dann sagte er: »Nun?«

Ich gab das Wort an ihn zurück und ahmte dabei seinen Tonfall nach. »Nun?« Es überraschte mich, feststellen zu müssen, daß ich in der gleichen Weise wie Allison meine eigenen Hände knetete. Ich imitierte sogar die nervöse Gestik seiner schmerzhaften Entscheidung. Ich zog die Hände auseinander und stand auf.

»Ich nehme an, daß es mit diesem Kaltblütler nicht geklappt hat und Sie sich dazu entschlossen haben, an seiner Stelle mich zu nehmen. Sicher, ich werde für Sie zu den Waldläufern gehen. Allerdings nicht mit diesem Bastard von einem Allison – mit dem würde ich nirgendwohin gehen. Die Sprache der Waldläufer beherrsche auch ich, und das sogar ohne Hypnose.«

Forth starrte mich überrascht an. »Sie haben sich also daran erinnert?«

»Teufel, ja«, erwiderte ich. »Mein Vater baute eine Bruchlandung in den Hellers, und eine Gruppe von Waldläufern fand mich dort halbtot. Ich lebte bei ihnen, bis ich etwa fünfzehn war; dann entschied ihr Alter, daß ich zu menschlich für sie sei, und sie brachten mich durch den Dämmerungs-Paß hierher. Sicher, jetzt fällt mir alles wieder ein. Ich war fünf Jahre lang im Raumfahrer-Waisenhaus, dann arbeitete ich als Führer terranischer Jagdgesellschaften und so weiter, weil es mir Spaß machte, in den Bergen zu sein. Ich . . .« Ich hielt inne. Forth starrte mich an.

»Wollen Sie bitte wieder Platz nehmen? Glauben Sie, daß die Arbeit Ihnen gefallen wird?«

»Es wäre eine harte Sache«, sagte ich abwägend. »Die vom Himmelsvolk . . .« Ich benutzte den Ausdruck, mit dem sich die Waldläufer selbst bezeichneten, » . . . mögen keine Fremden, aber man kann sie vielleicht umstimmen. Das Schlimmste würde die Reise selbst sein. Der Flugzeugtyp oder der Helikopter müßte erst noch gebaut werden, der die Wirbelwinde über den Hellers aushalten und in ihnen landen kann. Wir müßten von Carthon aus den ganzen Weg zu Fuß zurücklegen. Ich würde professionelle Kletterer benötigen – Bergsteiger.«

»Sie teilen also Allisons Haltung nicht?«

»Verdammt noch mal, beleidigen Sie mich nicht!« Ich bemerkte, daß ich bereits wieder auf den Füßen stand und ruhelos im Büro auf und ab ging. Forth sah mich an und sagte laut: »Was ist überhaupt eine Persönlichkeit? Eine Maske von Emotionen, die Körper und Geist aufgepropft ist. Ändere den Gesichtspunkt, ändere die Gefühle und Vorlieben, und du hast im gleichen Körper und mit den gleichen Vergangenheitserfahrungen einen neuen Menschen.«

Ich fuhr mitten in der Bewegung herum. Ein neues und schreckliches Mißtrauen, das zu monströs war, um ihm einen Namen zu geben, machte sich in mir breit. Forth drückte einen Knopf, und das unbewegte Gesicht Jay Allisons erschien auf dem Bildschirm. Forth drückte mir einen Spiegel in die Hand und sagte: »Jason Allison, schauen Sie sich an.«

Ich schaute.

»Nein«, sagte ich. Und erneut: »Nein. Nein. Nein.«

Forth ging nicht darauf ein. Er winkte mir mit seinem dicklichen Finger. »Schauen Sie . . .« Er bewegte ihn, während er sprach. »Die Stirnhöhle, der Ansatz der Nackenknochen. Ihre Augenbrauen und Ihr Mund sehen anders aus, weil sie einen anderen Ausdruck zeigen. Aber Knochenstruktur, die Nase, das Kinn . . .«

Ich hörte mich selbst einen unbeschreiblichen Laut von mir geben und warf den Spiegel zu Boden. Forth packte meinen Unterarm. »Immer mit der Ruhe, Mann!«

Ich fand meine Stimme endlich wieder, aber sie hörte sich nicht an wie die Allisons. »Dann bin ich – Jay? Jay Allison mit Gedächtnisschwund?«

»Nur bedingt.« Forth fuhr sich mit seinem fleckenlosen Ärmel über die Stirn und zog ihn voll feuchten Schweißes zurück. »Gott nein, Sie sind *nicht* der Jay Allison, den ich kannte!« Er machte einen tiefen Atemzug. »Und setzen Sie sich hin. Wer auch immer Sie sind, setzen Sie sich *hin*!«

Ich setzte mich. Ängstlich und unsicher.

»Aber der Mann, der Jay hätte sein können, wäre er mit einem anderen Nervenkostüm ausgestattet gewesen. Ich würde sagen, der Mann, der Jay Allison hätte werden können. Der Mann, den zu verkörpern er *ablehnte*. In seinem Unterbewußtsein erzeugte er Barrieren gegen eine ganze Serie von Erinnerungen, und diese unterbewußte Schwelle . . .«

»Ich verstehe nichts von diesem Psychologen-Kauderwelsch, Doktor.«

Forth starrte mich an. »Aber Sie erinnern sich an die Sprache der Waldläufer. Das dachte ich mir. Allisons Persönlichkeit ist in Ihnen ebenso unterdrückt, wie Ihre es in ihm war.«

»Da ist noch etwas, Doktor. Ich weiß weder etwas über Blutteilchen noch über Epidemien. Meine Hälfte der Persönlichkeit hat keine Medizin studiert.« Ich hob den Spiegel vom Boden auf und musterte nachdenklich das Gesicht, das sich in ihm zeigte. Die hohen Backenknochen und die Stirn, die von welligem, dunklem Haar – das Allison sich zu glätten bemüht hatte, das jetzt aber im Begriff war, sich zu kräuseln – umrahmt war, trugen nicht dazu bei, mich glauben zu machen, daß ich mit diesem Arzt irgendeine Ähnlichkeit aufwies. Unsere Stimmen glichen sich ebenfalls nicht. Seine war viel höher gewesen. Meine eigene war, soweit ich dies beurteilen konnte, eine volle Oktave tiefer und volltönender. Und doch basierte sie auf den gleichen vokalen Akkorden – wenn Forth mich nicht zum Subjekt eines sinnlosen, makabren Scherzes gemacht hatte.

»Habe ich wirklich Medizin studiert? Es wäre das letzte, was mir einfallen würde. Es ist ein ehrlicher Handel, glaube ich, aber ein solcher Geistesmensch bin ich nie gewesen.«

»Sie sind – oder besser Jay Allison ist – Spezialist für darkovanische Bakteriologie und außerdem ein sehr kompetenter Chirurg.« Forth saß da, stützte sein Kinn mit einer Hand ab und musterte mich ziemlich intensiv. Er runzelte die Stirn und sagte: »Wenn überhaupt, dann ist die physische Veränderung weitaus überraschender als die andere. Ich hätte Sie nicht einmal erkannt.«

»Ich stimme Ihnen zu. Ich erkenne mich selbst nicht.« Dann sagte ich: »Und wirklich seltsam ist, daß ich diesen Jay Allison – um es milde auszudrücken – nicht einmal *leiden* könnte. Wenn er . . . kann ich überhaupt *er* sagen?«

»Ich wüßte nicht, warum Sie das nicht tun könnten. Sie sind kaum weniger Jay Allison als ich.

Einmal sind Sie jünger. Zehn Jahre jünger. Ich bezweifle, daß einer seiner Freunde – falls er überhaupt welche hatte – Sie erkennen würde. Sie . . . es ist einfach unzutreffend, Sie weiterhin Jay zu nennen. Wie soll ich Sie ansprechen?«

»Sollte ich mir darüber Gedanken machen? Nennen Sie mich Jason.«

»Das paßt zu Ihnen«, sagte Forth geheimnisvoll. »Aber passen

Sie nun auf, Jason. Ich würde Ihnen gern ein paar Tage Urlaub gewähren, damit Sie sich an die neue Persönlichkeit gewöhnen können, aber wir stehen wirklich unter einem enormen Zeitdruck. Können Sie noch heute abend nach Carthon fliegen? Ich habe persönlich eine erstklassige Mannschaft für Sie ausgesucht und vorausgeschickt. Sie werden sie dort antreffen.«

Ich starrte ihn an. Der Raum schien mich plötzlich zu erdrükken, und ich konnte kaum atmen. Verwundert sagte ich: »Sie waren sich Ihrer Sache ziemlich sicher, nicht wahr?«

Forth sah mich nur an, und das schien mir eine ziemlich lange Zeit zu dauern. Dann sagte er mit sehr leiser Stimme: »Nein. Ich war mir meiner Sache überhaupt nicht sicher. Aber wenn es mir nicht gelungen wäre, Sie umzudrehen oder Jay dazu zu überreden, hätte ich es selbst versuchen müssen.«

Jason Allison junior war im Adreßbuch des Terranischen Hauptquartiers unter »Suite 1214, Medizinischer Wohnbereichskorridor« eingetragen. Ich fand die Räumlichkeiten ohne Schwierigkeit, obwohl ein älterer Arzt mich mit einem seltsamen Blick musterte, als ich durch den stillen Gang schlenderte. Die Suite – sie bestand aus einem Schlafzimmer, einem Miniaturwohnraum und einem eingebauten Bad – deprimierte mich. Alles war sauber, verschlossen und unpersönlich – wie der Mann, dem sie gehörte. Ich durchwühlte die Zimmer ruhelos in der Hoffnung, irgend etwas zu finden, das mir bekannt genug erschien, um mir zu beweisen, daß ich hier die letzten elf Jahre zugebracht hatte.

Jay Allison war vierunddreißig Jahre alt; ich jedoch hatte mein Alter ohne zu zögern mit zweiundzwanzig angegeben. Es gab in meiner Erinnerung keine erkennbaren weißen Flecken; von dem Moment an, als Jay Allison von den Waldläufern gesprochen hatte, war meine Vergangenheit an mir vorbeigerauscht und war stehengeblieben, komplett bis zum Abendessen des gestrigen Tages (aber hatte ich diese Mahlzeit vor zwölf Jahren zu mir genommen?). Ich erinnerte mich an meinen Vater, einen scharfgesichtigen, stillen Mann, dem es Spaß gemacht hatte, oft zu fliegen und von seiner Maschine aus während des unablässigen Kartographierens und Erforschens Foto auf Foto zu schießen. Er hatte es gern gemocht, wenn ich mit ihm zusammen flog, und ich war sprichwörtlich über jedem Quadratzentimeter des Planeten mit ihm geschwebt. Niemand hatte je das Wagnis auf sich genommen, über die Hellers hinwegzugleiten, abgesehen natürlich von dem großen Handelsraumer, der stets in einer sicheren Umlaufbahn blieb. Ich erinnerte mich schwach an die Bruchlandung und die seltsamen Hände, die mich aus dem Wrack zogen, und jene Wochen, die ich, bewußtlos und mit gebrochenen Knochen, liebevoll gepflegt von einer der rotäugigen, aufgeregt zwitschernden Frauen der Waldläufer, dort verbrachte. Insgesamt hatte ich acht Jahre in ihrem Nest verbracht, das natürlich überhaupt kein Nest war, sondern eine sich weiträumig ausbreitende Siedlung auf den Ästen enormer Bäume. Zusammen mit den kleinen, feingliedrigen Humanoiden, die meine Spielgefährten gewesen waren, hatte ich Nüsse und Knospen gesammelt und kleine, auf Bäumen lebende Tiere gefangen, die ihnen zur Nahrung dienten, und meinen Teil zum Weben der Kleidung beigetragen, die aus den Fasern der auf Baumstämmen kultivierten Schlingpflanzen wuchsen. In all diesen acht Jahren hatte ich mit den Füßen weniger als ein Dutzend Male den Grund berührt, obwohl ich meilenweit über die Baumstraßen gewandert war, die sich hoch über dem Waldboden dahinzogen.

Schließlich die schmerzliche Entscheidung des Alten, daß ich zu fremdartig für sie sei, und die schwierige und gefährliche Reise, die meine Waldläufer-Zieheltern und -Brüder unternommen hatten, um mir aus den Hellers herauszuhelfen und mich zur Handelsstadt zu bringen. Nach zwei Jahren körperlich schmerzhafter und geistig mit halbem Herzen vorgenommener Versuche, am Tag zu leben (die eulenäugigen Waldläufer sahen am besten und lebten hauptsächlich bei Mondlicht), hatte ich schließlich eine Nische für mich gefunden, in der ich mich niederlassen konnte. Aber die gesamten späteren Jahre (nachdem Jay Allison, der, wie ich annehme, das Grundmuster meiner Erinnerungen mit mir teilte, mich übernommen hatte) waren im Schlund des Unterbewußtseins verschwunden.

Ein Bücherregal war mit großen Mikrokarten vollgestopft. Ich steckte eine davon in den Bildbetrachter, kam mir wie ein Voyeur vor und ertappte mich dabei, wie ich ängstlich darauf wartete, daß gleichmäßige Schritte erklangen und die schrille Stimme Jay Allisons zu wissen verlangte, was zum Teufel ich mit seinem Eigentum anstellte. Ein Auge dem Betrachter zugewandt, las ich geistesabwesend etwas über die Behandlung komplizierter Brüche. Erst dann wurde mir klar, daß ich aus einem ganzen Absatz nicht mehr als drei Wörter verstand. Ich schlug mir mit der Faust gegen die Stirn und spürte, wie die Worte wie leere Echos in mir widerhallten. »Laceration . . . Primärefflusion . . . Serum und Lymphen . . . Granulationsgewebe . . .« Ich nahm an, daß die Worte etwas bedeuteten und ich einst gewußt hatte, was. Aber wenn ich eine medizinische Ausbildung genossen hatte, konntc ich mich jedenfalls an keine Silbe erinnern. Ich konnte nicht einmal eine Fraktur von einer Fraktion unterscheiden.

In einem plötzlichen Aufwallen von Ungeduld zog ich mir die weiße Jacke aus und streifte das erste Hemd über, das mir in die Finger fiel, ein karmesinrotes Ding, das in einer Reihe weißer Kittel hing und wie ein exotischer Vogel in einem verschneiten Landstrich wirkte. Dann durchwühlte ich weiter die Schubladen und Schränke. Sorglos in ein Ablagefach geschoben, fand ich eine andere Mikrokarte, die mir bekannt vorkam, und als ich sie in den Bildbetrachter steckte, entpuppte sie sich als ein Buch über Alpinismus, das ich, wie mir seltsamerweise einfiel, als Junge gekauft hatte. Es vertrieb meine letzten, verwehenden Zweifel. Offensichtlich hatte ich es mir zugelegt, bevor die beiden Persönlichkeiten sich dermaßen scharf gespalten und verschiedene Wege eingeschlagen hatten. Jason war zu Jay geworden. Ich fing an, es zu glauben. Ich akzeptierte es noch nicht, konnte mir aber vorstellen, daß es so gekommen war. Das Buch sah ziemlich abgegriffen aus und war so oft benutzt worden, daß ich es mit größter Sorgfalt in die Betrachtungsbrille schieben mußte.

Unter einem zusammengefalteten Stapel sauberer Unterwäsche fand ich eine halbleere, flache Whiskyflasche. Ich erinnerte mich, daß Forth gesagt hatte, er habe Jay Allison niemals trinken sehen, und dachte plötzlich: *der arme Narr!* Ich genehmigte mir selbst einen Schluck und setzte mich hin, um die Zeit damit totzuschlagen, indem ich das Bergbuch betrachtete.

Ich nahm an, daß sich die beiden Hälften unserer Persönlichkeit erst dann derart stark auseinandergelebt hatten, nachdem ich in die Medizinische Fakultät eingetreten war und ein solch hohes

Resultat erzielt hatte, daß daraus Tage und Wochen – und, wie ich vermutete, Jahre geworden waren, in denen es Jay Allison gelungen war, mich völlig unterzubuttern. Ich versuchte einige persönliche Daten zusammenzubekommen, indem ich einen Blick in seinen Terminkalender warf, erhielt aber einen solch starken mentalen Schlag, daß ich ihn mit den beschriebenen Seiten nach unten weglegte und beschloß, darüber nachzudenken, wenn ich ein wenig mehr betrunken war.

Ich fragte mich, ob die Details meiner Jugenderinnerungen mit denen übereinstimmten, die sich Jay Allison aufdrängten, wenn er über sie nachdachte. Ich glaubte nicht. Die Menschen vergessen und erinnern sich selektiv. Immerhin hatte Jays dominante Persönlichkeit mich in einem wochen- und jahrelangen Prozeß verdrängt – und damit war ich, das junge Rauhbein, der mehr als nur ein halber Darkovaner war, die Berge liebte und vor Sehnsucht nach einer nichtmenschlichen Welt beinahe krank war, von diesem kühlen, beherrschten jungen Medizinstudenten, der sich in seiner Arbeit völlig verlor, hinweggespült worden. Aber ich, Jason – war ich nicht immer der Beobachter im Hintergrund gewesen, die Person, die zu sein Jay Allison sich nicht traute? Warum war er bereits über dreißig Jahre alt – und ich erst zweiundzwanzig?

Ein Klingeln zerbrach die Stille. Ich hastete an das Interkom, das an der Schlafzimmerwand angebracht war, und fragte: »Wer ist da?« Eine unbekannte Stimme sagte: »Dr. Allison?«

Automatisch sagte ich: »Hier ist niemand, der so heißt.« Ich machte Anstalten, den Hörer auf die Gabel zurückzulegen. Dann hielt ich inne, schluckte und fragte: »Sind Sie das, Dr. Forth?«

Er war es. Ich holte noch einmal tief Luft. Ich wollte nicht einmal einen Gedanken daran verschwenden, was ich sagen würde, wenn irgend jemand anders zu wissen verlangte, wieso zum Teufel ich Dr. Allisons Privatgespräche entgegennahm. Als Forth fertig war, ging ich zum Spiegel hinüber, starrte mich an und versuchte, hinter meinem Gesicht die scharfen Züge dieses Fremden, dieses *Doktor* Jason Allison, zu entdecken. Und sogar während ich mir darüber Gedanken machte, was ich für eine Reise in die Berge zusammenpacken sollte, welcher Lebensweise sich eine Jagdgruppe zu befleißigen hatte, und im Geiste Listen über Hitzewellen und Windböen anlegte, blieb ich dort stehen. Das Gesicht, das mich ansah, war jung, faltenlos und mit einigen Sommersprossen versehen. Es war das gleiche wie immer – ausgenommen, daß ich meine Sonnenbräune verloren hatte. Jay Allison hatte mich zu lange eingesperrt. Plötzlich drohte ich dem Spiegelbild mit der Faust. »Zum Teufel mit dir, Dr. Allison«, sagte ich und ging, um nachzusehen, ob er einige Kleidungsstücke behalten hatte, die einzupacken es sich lohnte.

3.

Dr. Forth wartete auf dem Dachlandeplatz auf mich, desgleichen ein kleiner Copter; eine von den etwas älteren Kisten, die dem Medizinischen Dienst zur Verfügung gestellt werden, wenn sie für wichtigere Dinge nicht mehr zu verwenden sind. Forth musterte mein karmesinrotes Hemd mit einem verwunderten Blick, aber alles was er sagte, bestand aus einem: »Hallo, Jason. Da ist noch etwas, das wir auf der Stelle entscheiden müssen. Wie bringen wir der Mannschaft bei, wer Sie wirklich sind?«

Ich schüttelte lebhaft den Kopf. »Ich bin nicht Jay Allison. Ich lege weder Wert auf seinen Namen noch auf seinen Ruf. Wenn zur Mannschaft nicht gerade Leute gehören, die ihn kennen . . .«

»Einige kennen ihn sicherlich, aber ich glaube nicht, daß sie Sie erkennen werden.«

»Erzählen Sie ihnen, ich sei sein Zwillingsbruder«, sagte ich gallig.

»Das wird kaum nötig sein. Es gibt zwischen Ihnen einfach zu wenig Ähnlichkeit.« Forth reckte den Hals, winkte einem Mann zu, der in der Nähe des Copters arbeitete, und sagte mit leiser Stimme: »Sie werden gleich sehen, was ich meine.«

Der Mann kam auf sie zu. Er trug die schwarzlederne Uniform der Raumflotte, und der kleine Sternenregenbogen, der seinen Ärmel verzierte, deutete an, daß er auf einem Dutzend verschiedener Welten Dienst getan hatte, denn jeder der Sterne zeigte eine andere Farbe. Er war kein junger Mann mehr, sondern über fünfzig. Sein Gesicht war von Wind und Wetter gegerbt und runzlig. Eine seiner Lippen war gespalten. Sein Aussehen gefiel mir. Wir schüttelten uns die Hände, und Forth sagte: »Das ist unser Mann, Kendricks. Er wird Jason genannt und ist Waldläufer-Experte. Jason, dies ist Buck Kendricks.«

»Nett, Sie kennenzulernen, Jason.« Ich hatte den Eindruck, Kendricks schenkte mir eine halbe Sekunde mehr Aufmerksamkeit als nötig. »Der Copter ist bereit. Steigen Sie ein, Doktor. Sie fliegen doch bis Carthon mit, oder?«

Wir legten mit Reißverschlüsse versehene Windjacken an, und der Copter erhob sich lautlos in den blaßroten Himmel. Ich saß neben Forth, schaute durch die hellen lila Wolken nach unten und betrachtete das Muster, das Darkover unter uns ausbreitete.

»Kendricks hat mich ziemlich seltsam angesehen, Doktor. Ob ihm irgend etwas nicht geheuer ist?«

»Er kennt Jay Allison seit acht Jahren«, erwiderte Forth leise, »Sie hat er bis jetzt noch nicht erkannt.«

Zu meinem großen Bedauern beließen wir es dabei und verloren nicht mehr das geringste Wort über mich. Als wir unter den lautlos wirbelnden Rotorblättern dahinschwebten und dem bewohnten Landstrich, der sich in der Nähe der Handelsstadt ausbreitete, den Rücken kehrten, wurde Darkover selbst zu unserem Thema. Forth informierte mich über das Waldläuferfieber und brachte es sogar fertig, mir klarzumachen, was ein Blutkörperchen ist und warum es so wichtig war, fünfzig oder sechzig Waldläufer dazu zu bewegen, mit mir zurückzukehren und Blut zu spenden, aus dem man Antikörper zur Herstellung eines Gegenmittels entnehmen konnte.

Selbst wenn ich es zustande brachte – es würde sich immer noch um eine Sache handeln, von der man bisher noch nie gehört hatte. Der größte Teil der Waldläufer betrat während des ganzen Lebens niemals den Boden, es sei denn, sie mußten die Pässe oberhalb der Schneegrenze überqueren. Nicht einmal ein Dutzend von ihnen – meine Zieheltern eingeschlossen, die mich unter unsäglichen Strapazen über den Dämmerungs-Paß gebracht hatten – war je über den sie umgebenden Bergkessel, der sie vom Rest des Planeten abschloß, hinausgegangen. Manchmal drangen Menschen auf der Suche nach ihnen in die niedriger liegenden Wälder ein, aber das war ein eingleisiger

Verkehr. Die Waldläufer kamen niemals, um nach den Menschen zu sehen.

Wir unterhielten uns auch über die Leute, die die Berge überquert hatten und ins Land der Waldläufer vorgedrungen waren. Die ersten Terraner, die den Versuch unternommen hatten, die Bergkette mit Flugmaschinen, die tiefergehen konnten und langsamer waren als Raumschiffe, zu überqueren, hatten die Berge die Hellers getauft.

»Was ist das für eine Mannschaft, die Sie ausgewählt haben? Keine Terraner?«

Forth schüttelte den Kopf. »Es wäre reiner Selbstmord, jemanden in die Hellers zu schicken, dem man den Terraner schon von weitem ansieht. Sie wissen, welche Gefühle die Waldläufer denjenigen entgegenbringen, die in ihren Lebensbereich vorstoßen.« Das wußte ich, aber Forth sagte daraufhin: »Trotzdem – es werden zwei Terraner mit Ihnen kommen.«

»Und Sie kennen Jay Allison nicht?« Ich legte keinen Wert darauf, mich mit irgend jemandem zu belasten, der mich kennen oder von mir erwarten würde, ich müsse mich benehmen wie mein vergessenes anderes Ich.

»Kendricks kennt Sie«, sagte Forth, »aber ich will Ihnen gegenüber ganz ehrlich sein. Ich kannte Jay Allison nie besonders gut; jedenfalls nicht außerhalb der Arbeit. Ich weiß aus den letzten paar Tagen und aufgrund der Hypnosesitzungen jetzt eine Menge Dinge, die mir oder einem anderen zu erzählen ihm nicht einmal im Traum eingefallen wäre. Dinge, die unter den Punkt berufliche Schweigepflicht fallen – selbst Ihnen gegenüber. Und aus diesem Grund habe ich Kendricks mitgeschickt. Sie müssen die Möglichkeit, daß er Sie erkennen wird, einfach akzeptieren. Ist das da unten nicht Carthon?«

Carthon lag am Fuße der letzten Ausläufer der Hellers. Die Siedlung war alt, ausgedehnt und flach, braungebrannt vom Staub von fünftausend Jahren. Kinder liefen heran, um dem Copter zuzusehen, als wir in der Nähe der Stadt landeten; in der Nähe der Hellers flogen nur selten Flugzeuge tief genug, um gesehen werden zu können.

Forth hatte seine Mannschaft vorausgeschickt und am Rande

der Stadt auf einem abgelegenen, weiten Platz, der möglicherweise einmal einem großen Warenhaus oder einem zusammengefallenen Palast als Fundament gedient hatte, lagern lassen. Im Innern befanden sich ein paar Lastwagen, die praktisch nur noch aus Skelett und Ladefläche bestanden, wie alle Technologie, die man von Terra hierhergebracht hatte. Es waren auch Packtiere da, dunkle Umrisse in der Dämmerung. Mit nahezu genialer Unordentlichkeit hatte man Kisten aufgestapelt, an deren äußerstem Ende ein Feuer brannte, um das sich fünf oder sechs Männer in darkovanischer Kleidung – weitärmeligen Hemden, enganliegenden Hosen und Halbstiefeln – scharten und sich unterhielten. Als Forth, Kendricks und ich auf sie zukamen, standen sie auf. Forth begrüßte sie in nachlässigem und stark akzentuiertem Darkovanisch und wechselte dann zu terranischem Standard über, während einer der Männer ihn übersetzte.

Nach darkovanischer Sitte stellte er mich einfach als Jason vor, und ich sah mir die Männer der Reihe nach an. Zu der Zeit, als es mir noch Spaß gemacht hatte, in den Bergen herumzuklettern, hätte es mir Spaß gemacht, mir meine eigene Mannschaft auszusuchen; aber wer immer auch diese hier zusammengestellt hatte, mußte etwas von der Sache verstehen.

Drei der Männer waren Bergdarkovaner, zähe und schlanke Burschen, die sich so ähnlich waren wie Brüder, und kurz darauf erfuhr ich, daß sie das in der Tat auch waren. Sie hießen Hjalmar, Garin und Vardo. Sie waren alle über einen Meter achtzig groß, und Hjalmar ragte noch um einen Kopf und eine Schulterhöhe über seine Brüder, die ich nie auseinanderzuhalten lernte, hinaus. Der vierte Mann, ein Rotschopf, war sichtlich besser gekleidet als die anderen und wurde mir als Lerrys Ridenow vorgestellt. Sein Doppelname deutete darauf hin, daß er der darkovanischen Hocharistokratie angehörte. Er war muskulös und kraftvoll gebaut, aber seine Hände kamen mir verdächtig gepflegt vor für einen Mann aus den Bergen, so daß ich mich fragte, wie es wohl um seine Erfahrungen bestellt sein mochte.

Der fünfte Mann, der mir die Hand schüttelte, unterhielt sich mit Kendricks und Forth, als seien sie alte Freunde. »Kenne ich Sie nicht von irgendwoher, Jason?«

Er sah aus wie ein Darkovaner und trug Eingeborenenkleidung, aber da Forth mich bereits vorgewarnt hatte, erschien mir der Angriff die beste Verteidigung.

»Sind Sie Terraner?«

»Mein Vater war Terraner«, erwiderte der andere, und ich verstand. So etwas war natürlich nicht ungewöhnlich, für einen Planeten wie Darkover allerdings etwas heikel. Unbekümmert sagte ich: »Möglicherweise haben wir uns im Hauptquartier schon mal gesehen. Ich weiß allerdings noch nicht, wo ich Sie hinstecken soll.«

»Ich bin Rafe Scott. Ich hatte gedacht, ich würde alle professionellen Führer auf Darkover kennen, aber ich muß sagen, daß die Hellers nicht gerade mein Fachgebiet sind«, gab er zu. »Welche Route sollen wir Ihrer Meinung nach einschlagen?«

Ich fand mich plötzlich im Mittelpunkt der Männergruppe wieder, ließ mir eine der dünnen, süßlichen darkovanischen Zigaretten anbieten und warf einen Blick über den Plan, den jemand auf die Oberseite einer Kiste gekritzelt hatte. Ich borgte mir einen Stift von Rafe, beugte mich über die Kiste und zeichnete eine grobe Übersicht des Gebietes, an das ich mich aus meinen Kindheitstagen noch gut erinnerte. Was Blutkörperchen anbetraf, so mochten diese mich in Verwirrung versetzen, aber wenn es um das Bergsteigen ging, wußte ich genau, was ich tat. Rafe, Lerrys und die darkovanischen Brüder drängten sich hinter mich, um sich die Zeichnung anzusehen. Lerrys fuhr mit einem Fingernagel genau über die Strecke, die ich zu gehen beabsichtigte.

»Die Höhenlage, die Sie hier gezeichnet haben, ist nicht sonderlich gut geeignet«, sagte er zaghaft. »Während der ›Narr-Kampagne‹ haben uns die Waldläufer hier überfallen. In diesem Gelände kann man nicht gut kämpfen.«

Ich musterte ihn mit neuerwachtem Respekt. Gepflegte Hände oder nicht – sein Land kannte er jedenfalls. Kendricks tätschelte den an seiner Hüfte baumelnden Laser und sagte grimmig: »Aber unser Unternehmen ist nicht die ›Narr-Kampagne‹. So lange ich dieses Ding hier trage, sollen sie nur kommen!«

»Aber Sie werden es nicht tragen«, sagte eine feste und befehlsgewohnte Stimme aus dem Hintergrund. »Legen Sie die Waffe weg, Mann!«

Kendricks und ich wirbelten in der gleichen Sekunde herum,

um uns den Sprecher, einen hochgewachsenen jungen Darkovaner, der immer noch zwischen den Schatten stand, anzusehen. Dann sagte der Neuankömmling, mir zugewandt: »Man hat mir erzählt, daß Sie Terraner sind und die Waldläufer verstehen können. Sie haben doch wohl nicht die Absicht, mit Strahlwaffen gegen sie vorzugehen?«

Und erst jetzt wurde mir bewußt, daß wir uns auf darkovanischem Territorium aufhielten und den Abscheu der Eingeborenen vor jeder Waffe, die weiter reicht als die Länge eines Männerarms, in unsere Kalkulation mit einbeziehen mußten. Ein einfacher Laser war für den Ehrenkodex eines Darkovaners ebenso verachtungswürdig wie eine planetensprengende Super-Kobaltbombe.

»Wir können doch nicht unbewaffnet durch das Waldläuferland ziehen!« protestierte Kendricks. »Wir müssen damit rechnen, jederzeit auf feindlich eingestellte Gruppen dieser Geschöpfe zu stoßen – und mit den langen Messern, die sie besitzen, können sie uns ganz schön zusetzen!«

Der Fremde sagte kühl: »Ich habe nichts dagegen, wenn Sie – oder jeder von Ihnen – zur Selbstverteidigung ebenfalls ein Messer einsteckt.«

»Ein *Messer*?« Kendricks zog geräuschvoll den Atem ein. »Hören Sie . . . Sie glotzäugiger Sohn einer . . . Wer, glauben Sie, sind Sie überhaupt?«

Die Darkovaner tuschelten. Der Mann im Schatten erwiderte: »Regis Hastur.«

Kendricks quollen die Augen förmlich aus dem Kopf. Meinen eigenen wäre es sicher nicht anders ergangen, hätte ich mich in diesem Moment nicht entschieden einzugreifen, um das Schlimmste zu verhindern. »Na gut«, sagte ich ziemlich unwirsch. »Aber das hier ist meine Sache. Buck, geben Sie mir die Waffe.«

Während ich mich fragte, was ich tun würde, wenn er meiner Anweisung keine Folge leistete, sah Kendricks mich eine halbe Sekunde lang wütend an. Schließlich öffnete er den Verschluß und gab sie mir – mit dem Knauf zuerst.

Mir war niemals bewußt geworden, wie unbekleidet ein Mann der Raumflotte ohne seinen Laser aussah. Ich wog die Waffe eine Minute lang in der Hand, während Regis Hastur die Schattenzone verließ. Er war groß und besaß das rötliche Haar und die zarte Haut der darkovanischen Adeligen. Auf seinem Gesicht zeigte sich ein undefinierbarer Ausdruck. Es war möglicherweise Arroganz, vielleicht aber auch das Bewußtsein, daß die Hasturs diesen Planeten bereits Jahrhunderte regiert hatten, bevor die Terraner mit ihren Schiffen gekommen waren und Handelsgüter und das Universum vor ihren Türen abgeladen hatten. Er sah mich an, als würde er meine Vorgehensweise genehmigen, und das machte die Situation für mich noch schlimmer als die vorherige.

Deswegen sagte ich, indem ich das respektvoll klingende Idiom der Darkovaner benutzte, das sie anwenden, wenn sie mit einem Höhergestellten (der er ja war) sprechen, meine Stimme gleichzeitig jedoch hart klingen ließ: »Es gibt in meiner Gruppe nur einen, der Anweisungen erteilt, Lord Hastur. Und dieser eine bin ich. Wenn Sie darüber diskutieren wollen, ob wir Waffen tragen oder nicht, unterhalten Sie sich darüber mit mir privat. Und lassen Sie mich dann die Befehle geben.«

Einer der Darvokaner schnappte nach Luft. Mir wurde klar, daß ich es riskierte, auseinandergenommen zu werden, aber bei dieser buntgemischten Mannschaft mußte ich sofort klarstellen, wer hier das Sagen hatte, oder mich nahm niemand mehr ernst. Ich gab Regis Hastur nicht einmal die Möglichkeit einer Antwort, sondern fügte hinzu: »Kommen Sie mit. Ich muß sowieso mit Ihnen sprechen.«

Er ging mit, und ich holte erleichtert Luft. Ich führte ihn in eine ziemlich leere Ecke des riesigen Platzes, sah ihn an und fragte: »Was Sie angeht – was machen Sie überhaupt hier? Sie haben doch wohl nicht die Absicht, mit uns ins Gebirge zu gehen?«

»Natürlich werde ich das«, erwiderte er gelassen.

Ich stöhnte. »Und warum? Sie sind der Enkel des Regenten! Wichtige Persönlichkeiten halten sich im allgemeinen aus gefährlichen Angelegenheiten wie dieser heraus. Wenn Ihnen irgend etwas zustößt, wird man mich dafür verantwortlich machen!« Auch ohne den Hüter einer der hochgeschätztesten Persönlichkeiten dieses verdammten Planeten zu spielen, dachte ich, würde ich schon genug Ärger bekommen. Außerdem wollte ich niemanden um mich haben, vor dem man katzbuckeln, dessen Meinung man sich anschließen oder dem man auch nur zuhören mußte.

Regis Hastur runzelte leicht die Brauen, und ich hatte das unbehagliche Gefühl, als wüßte er, was ich dachte. »Zunächst einmal dürfte es für die Waldläufer von Bedeutung sein, wenn ein Hastur bei Ihnen ist und Sie an sie appellieren, nicht wahr?«

Das würde es sicherlich. Die Waldläufer schenkten gewöhnlichen Menschen – abgesehen davon, daß es ein faires Spiel für sie war, sie auszuplündern, wenn sie ihr Land betraten – nur wenig Aufmerksamkeit. Aber wie ganz Darkover verehrten auch sie die Hasturs – und dies war ein geschickter diplomatischer Schachzug. Wenn die Darkovaner schon einen ihrer wichtigsten Führer schickten, würden sie ihnen eventuell zuhören.

»Zweitens«, fuhr Regis Hastur fort, »sind die Darkovaner mein Volk, und es ist deswegen meine Angelegenheit, für sie die Verhandlungen zu führen. Drittens kenne ich den Dialekt der Waldläufer – zwar nicht sonderlich gut, aber es reicht aus, um sich ein bißchen zu unterhalten. Und viertens bin ich Zeit meines Lebens Bergsteiger gewesen. Ich bin zwar nicht mehr als ein Amateur, aber ich kann Ihnen versichern, daß ich niemandem im Weg stehen werde.«

Es gab nicht viel, was ich dagegen hätte einwenden können. Er schien wirklich über jeden Punkt nachgedacht zu haben – bis auf einen, den er aber eine Minute später ebenfalls und in gewitzter Weise klarstellte: »Machen Sie sich keine Sorgen. Ich bin absolut dazu bereit, Sie die Führung übernehmen zu lassen. Ich werde keinerlei . . . Privilegien für mich in Anspruch nehmen.«

Damit mußte ich mich zufriedengeben.

Darkover ist ein zivilisierter Planet mit ziemlich hohem Lebensstandard, aber er ist weder mechanisiert, noch besitzt er eine technologische Kultur. Die Bewohner sind nur wenig an Bodenschätzen interessiert, bauen so gut wie keine Fabriken, und die paar, die von terranischen Unternehmen gegründet wurden, waren nie sonderlich erfolgreich. Außerhalb der terranischen Handelsstadt sind Maschinen und moderne Transportmittel beinahe unbekannt.

Während die anderen Männer die Ladung überprüften und aufluden und Rafe Scott hinausging, um einige Freunde zu treffen und die allerletzten Einzelheiten zu arrangieren, nahm ich mit

Forth Platz, um mir die medizinischen Details einzuprägen, die ich den Waldläufern zu vermitteln hatte.

»Wenn wir nur Ihr medizinisches Wissen hätten erhalten können!«

»Das Schlimme ist«, sagte ich, »daß das Doktordasein gar nicht zu meiner Persönlichkeit paßt.« Ich fühlte mich geradezu ungewöhnlich wohl. Von meinem Sitzplatz aus konnte ich mit einem einfachen Heben des Kopfes das Panorama der schwarzgrünen Hügel beobachten, die sich hinter Carthon erhoben, und die steinige, sich wie ein dünnes, weißes Band dahinschlängelnde Straße, der wir während des ersten Reisetages folgen würden, im Auge behalten. Forth schien mein Hochgefühl offensichtlich nicht zu teilen.

»Seien Sie sich dessen bewußt, Jason, daß es eine wirkliche Gefahr gibt . . .«

»Glauben Sie, daß ich mir deswegen Sorgen mache? Oder haben Sie Angst, ich könnte mich als zu tollkühn entpuppen?«

»Das meine ich nicht unbedingt so. Es ist keine physische Gefahr, sondern eine emotionale – oder eher eine intellektuelle.«

»Zum Teufel, beherrschen Sie keine andere Sprache als dieses doppelbödige Psychologengerede?«

»Lassen Sie mich weiterreden, Jason. Jay Allison war vielleicht ein depressiver und überdisziplinierter Charakter, aber Sie sind ernstlich impulsiv. Was Ihnen fehlt, ist das nötige Gleichgewicht, wenn ich das mal so ausdrücken darf. Wenn Sie sich auf allzu viele Risiken einlassen, könnte Ihr begrabenes Alter ego wieder an die Oberfläche kommen und Sie aus schieren Selbstverteidigungsmotiven wieder übernehmen.«

»Mit anderen Worten«, sagte ich und lachte laut, »dieser steifbeinige Allison könnte sich in seinem Grab rühren, wenn ich ihn zu sehr verschrecke?«

Forth räusperte sich, unterdrückte ein Auflachen und meinte, daß man es so ausdrücken könne. Ich klopfte ihm beruhigend auf die Schulter und sagte: »Das können Sie vergessen, Sir. Ich verspreche Ihnen gottesfürchtig, nüchtern und fleißig zu bleiben – aber steht eigentlich irgendwo geschrieben, daß es gegen das Gesetz ist, wenn ich mich über das, was vor mir liegt, freue?«

Aus der Dunkelheit des Platzes brach jemand hervor und rief

nach mir. »Jason? Der Führer ist da!« Ich stand auf und ging dem anderen Führer entgegen.

Es war eine Frau.

Für ein darkovanisches Mädchen war sie ziemlich klein und schmal gebaut. Ihren Körper konnte man beinahe jungenhaft oder kindlich nennen, und er wirkte auf den ersten Blick ganz sicher nicht weiblich. Ihr sonnenverbranntes Gesicht wurde von kurzgeschnittenen, blauschwarzen Locken umrahmt, und ihre Wimpern waren derart dicht und lang, daß es unmöglich war, die Farbe ihrer Augen auszumachen. Ihre kleine kecke Stupsnase hätte komisch aussehen können, wirkte statt dessen aber nichts als arrogant. Ihr Mund war breit, und sie hatte ein rundes Kinn.

Mit ausgestreckter Hand sagte sie fast mürrisch: »Kyla Rainéach; Freie Amazone und geprüfte Führerin.«

Ich nahm ihre Geste mit einem Nicken hin und runzelte die Stirn. Die Gilde der Freien Amazonen war in nahezu jeden Beruf vorgedrungen, aber der eines Bergführers war sogar für sie ungewöhnlich. Sie machte einen drahtigen und katzenhaften Eindruck, und unter der schweren, deckenähnlichen Kleidung war ihr Körper beinahe ebenso schmalhüftig und flachbrüstig wie der meine; lediglich ihre langen, schlanken Beine wirkten unverkennbar feminin.

Die anderen Männer überprüften und verluden unsere Vorräte; aus den Augenwinkeln stellte ich fest, daß auch Regis Hastur, der sich mit schweren Bündeln belud, seinen Teil zur Arbeit beitrug. Ich setzte mich auf ein paar noch unberührte Säcke und bot ihr einen Platz an.

»Sie wissen, um was es geht? Wir wollten durch den Dämmerungs-Paß in die Hellers vorstoßen. Das wird sogar für berufsmäßige Bergsteiger kein Zuckerlecken werden.«

Mit flacher, ausdrucksloser Stimme erwiderte sie: »Ich war im vorigen Jahr mit der terranischen Karthographen-Expedition im Südpolgebirge.«

»Sind Sie je in den Hellers gewesen? Könnten Sie, wenn mir irgend etwas zustieße, die Expedition sicher wieder nach Carthon zurückführen?«

Sie warf einen Blick auf ihre kleinen Finger. »Ich bin sicher, daß ich das kann«, sagte sie schließlich und machte Anstalten aufzustehen. »Ist das alles?«

»Noch etwas . . . .« Ich signalisierte ihr zu bleiben. »Sie sind die einzige Frau unter acht Männern, Kyla . . .«

Sie rümpfte ihre Stupsnase. »Ich nehme nicht an, daß Sie vorhaben, unter meine Decke zu kriechen, wenn es das ist, was Sie meinen. Das steht nicht in meinem Vertrag, hoffe ich.«

Ich fühlte wie ich rot wurde. Verdammt sollte sie sein! »Es geht nicht um mich«, fauchte ich, »aber ich kann nicht für sieben andere sprechen, von denen die meisten zähe Bergbewohner sind.« Im gleichen Moment, in dem ich das sagte, fragte ich mich, worüber ich mich eigentlich aufregte. Es stand außer Frage, daß eine Freie Amazone, wenn sie Wert darauf legte, ihre Keuschheit allein und ohne meine Hilfe verteidigen konnte. Dennoch sah ich mich gezwungen, zu meiner eigenen Entschuldigung hinzuzufügen: »Auf jeden Fall werden Sie ein störendes Element darstellen.«

Sie gab ein amüsiertes Kichern von sich. »Gruppen bedeuten Sicherheit und – haben Sie eigentlich Erfahrungen mit den physiologischen Effekten, die große Höhen auf Männer ausüben, die an das Leben zu ebener Erde gewöhnt sind?« Sie warf plötzlich den Kopf zurück, und aus ihrem versteckten Lächeln wurde ein befreites und belustigtes Lachen. »Ich bin eine Freie Amazone, Jason, und das bedeutet – nein, ich bin kein Neutrum, obwohl einige von uns das sind -, daß Sie mein Wort haben, daß ich nicht die Absicht habe, irgendeinen eindeutig auf meine geschlechtliche Andersartigkeit zurückzuführenden Konflikt herbeizuführen.« Sie stand auf. »Wenn Sie nichts dagegen haben, würde ich jetzt gerne die Bergausrüstung überprüfen.«

Ihre Augen lachten mich immer noch aus, aber seltsamerweise hatte ich jetzt nichts mehr dagegen.

4.

Noch in der gleichen Nacht brach unsere ungewöhnliche Karawane auf. Trotz des Widerwillens der Packtiere hatte man sie auf einen Lastwagen verladen. Ein weiterer war bis unter die Plane mit Ausrüstungsgegenständen gefüllt. Die vorsintflutlichen Steinstraßen, die von fließenden Wassern hier und da unterspült und im Laufe der Jahrzehnte verschlammt worden waren, schienen für mehr als die Füße von Menschen und Packtieren nicht gebaut zu sein. Wir passierten winzige Dörfer und kamen an einigen isoliert stehenden Türmen vorbei, in denen Matrixtechniker ausschließlich mit den geheimen darkovanischen Wissenschaften arbeiteten.

Kendricks fuhr den Laster mit den Tieren, was ihn zu amüsieren schien. Rafe und ich wechselten uns damit ab, den anderen Wagen zu steuern, und teilten den breiten Vordersitz mit Regis Hastur und Kyla, während die anderen Männer zwischen den Kisten und Säcken hinter uns saßen. Einmal, als Rafe das Steuer übernommen hatte und das Mädchen mit über das Gesicht gelegtem Umhang, um den brennenden Sonnenstrahlen zu entgehen, vor sich hindöste, fragte Regis mich: »Wie sind die Waldläufer eigentlich?«

Ich versuchte es ihm zu erklären, aber ich war niemals sonderlich gut darin, detaillierte Beschreibungen zu liefern, und als er herausfand, daß ich zum Reden nicht geboren war, verfiel er in Schweigen und gab mir die Möglichkeit, über das, was ich von den Waldläufern und ihrer Welt wußte, nachzudenken.

Auf allen bewohnten Welten scheint die Natur den gleichen Weg eingeschlagen und sich auf die Ökonomie und Einfachheit der humanoiden Form beschränkt zu haben. Der aufrechte Gang, die beweglichen Finger und der ihnen gegenüberliegende Daumen, die Farbempfindlichkeit der retinalen Stäbchen und Zapfen, die Sprachentwicklung und die lange, von Eltern beschützte Zeit des Heranwachsens – all diese Dinge scheinen Voraussetzungen für die Entwicklung einer Zivilisation zu sein, und am Ende machen sie den *Menschen* aus.

Abgesehen von geringfügigen Variationen, die vom Klima oder dem Nahrungsangebot abhängig sind, ist der Bewohner von Megaera oder Darkover vom Terraner oder Sirianer nicht unterscheidbar. Die Unterschiede liegen hauptsächlich in der Kultur, und manchmal wird eine isolierte Kultur in eine ungewöhnliche Richtung mutieren oder Atavismen hervorbringen, die irgendwo auf die Mitte jener evolutionären Leiter gehören die – zumindest auf den bekannten Planeten – den *Homo sapiens* als die komplexeste Form der Natur hervorbringt.

Die Waldläufer besetzten eine ökologische Nische, die sich als ziemlich dauerhaft erwiesen hatte. Als der Hauptstrom der Evolution auf Darkover zum Verlassen der Bäume und zur Fortsetzung des Existenzkampfes auf dem Boden geführt hatte, waren einige dort zurückgeblieben. Die Entwicklung hatte von ihnen abgelassen, gleichzeitig aber den *Homo arborens* hervorgebracht: den in der Nacht lebenden, tagblinden Humanoiden, der sein Leben in den ausgedehnten Wäldern verbrachte.

Der Laster holperte über die schlecht ausgebaute Straße. Der Wind war kalt. Der Wagen, der kaum mehr als ein Transportmittel darstellte, war natürlich nicht mit einem solch raffinierten Luxus wie Fensterscheiben ausgestattet.

Ich schreckte auf. Welchen Unfug hatte ich da gedacht? Vage Gedanken über Evolution wirbelten wie zerbrochene Blasen durch meinen Kopf. Die Waldläufer? Sie waren eben Waldläufer, wer konnte sie schon erklären? Etwa Jay Allison?

Rafe wandte mir das Gesicht zu und fragte: »Wo wollen wir heute nacht bleiben? Es wird dunkel, und wir müssen noch die Ausrüstung verteilen.« Ich setzte mich auf und übernahm wieder die Führung der Expedition. Aber als die Laster geparkt, ein Zelt aufgestellt, die Packtiere abgeladen und festgebunden waren und wir einen Teil des Gepäcks sortiert hatten – als all dies getan war, lag ich wach da, hörte Kendricks beharrlichem Schnarchen zu und fürchtete mich vor dem Einschlafen. Während ich auf dem Laster vor mich hingedöst hatte, war ein unerklärliches Gefühl des Erwachens über mich gekommen. Es war von mir ausgegangen – und doch wieder nicht. Ich hatte über Ideen nachgedacht, die ich als meine eigenen nicht erkennen konnte. Wenn ich jetzt einschlief – würde ich dann noch derselbe sein, wenn ich wieder aufwachte?

Wir hatten unser Lager an einer breiten, seichten und brückenlosen Flußbiegung aufgeschlagen, am Kadarin, der traditionell eine Grenze verkörperte, von der aus es für Menschen auf Darkover keine Rückkehr mehr gab. Hinter dem Fluß breiteten sich dichte Wälder aus, und dahinter begannen die ersten Hänge der

Hellers, die sich unaufhörlich in die Höhe reckten; jede der anliegenden Schluchten und jedes der Täler waren von wucherndem Walddickicht bedeckt. In diesen Wäldern lebten die Waldläufer.

Aber obwohl das gesamte Land überall dicht mit ihren Kolonien und Nestern bedeckt war, wäre es für uns sinnlos gewesen, mit der nächstliegenden Ansiedlung zu verhandeln; wir mußten mit dem Alten vom Nordnest reden, wo ich so viele meiner Kindheitsjahre verbracht hatte.

Seit undenklichen Zeiten hielten die ansonsten zurückhaltenden Waldläufer streng markierte Grenzen zwischen ihrem Land und dem der Bodenbewohner aufrecht. Sie überquerten zwar nie den Kadarin, betrachteten aber jeden Menschen, der in ihr Territorium eindrang, als ihnen legal zustehendes Angriffsziel.

Einige der darkovanischen Bergbewohner unterhielten Handelsbeziehungen mit den Waldläufern; sie tauschten Kleidung, Metallwaren und kleinere Werkzeuge und erhielten dafür Nüsse, Rinden für Farb- und Gerbstoffe und bestimmte Blätter und Moose, aus denen man Medikamente herstellte. Außerdem erlaubten die Waldläufer ihnen, unbehelligt in den Wäldern zu jagen. Andere Menschen allerdings, die sich in ihr Territorium vorwagten, mußten das Risiko eingehen, gnadenlos überfallen zu werden. Zwar waren die Waldläufer alles andere als blutdürstig und töteten nicht um des Tötens willen, aber sie griffen in Horden von zwei oder drei Dutzend jeden an, der unerlaubt in ihrem Lebensbereich wilderte, und beraubten ihn aller Gegenstände, die sie nur tragen konnten.

Die Durchquerung ihres Landes war nicht ungefährlich.

Ich saß vor dem Zelt und starrte auf das vorbeifließende Gewässer, in dem sich die Strahlen der aufgehenden Sonne brachen. Hinter dem Zelt rupften die Packtiere das kurze Gras. Die Lastwagen wirkten unter ihren von Morgentau glänzenden Planen wie große Sphinxen. Regis Hastur kam aus dem Zelt, rieb sich die Augen und setzte sich zu mir auf den Uferstreifen.

»Glauben Sie, daß es eine beschwerliche Reise werden wird?«

»Das würde ich nicht sagen. Ich kenne die wichtigsten Wege und werde sie wiederfinden. Nur . . .« Ich zögerte, und Regis fragte: »Nur was?«

Nach einer Minute sagte ich es ihm. »Es handelt sich um ... nun, um Sie. Wenn Ihnen irgend etwas passiert, wird uns ganz Darkover dafür verantwortlich machen.«

Er lächelte. Im Licht der roten Sonne sah er aus wie ein Bild aus einer alten Legende. »Verantwortung? Bisher haben Sie auf mich gar nicht den Eindruck eines allzu besorgten Menschen gemacht, Jason. Für welche Art von Dummkopf halten Sie mich? Ich weiß, wie ich mich im Gebirge zu verhalten habe, und fürchte mich nicht vor den Waldläufern – und das, obwohl ich sie nicht einmal so gut kenne, wie Sie das tun. Kommen Sie – soll ich uns ein Frühstück holen? Oder wollen Sie das machen?«

Ich zuckte die Achseln und beschäftigte mich in der Nähe des Feuers. Zur Überraschung der anderen Terraner – Kendricks und Rafe – hatte Regis während jeder Rast seinen Teil der Arbeit beim Aufschlagen des Lagers getan, und zwar stillschweigend und sachlich und ohne eigens darauf hinzuweisen. Rafe und Kendricks überraschte dies, da die terranischen Sitten im allgemeinen so aussahen, daß körperliche Tätigkeiten nicht von den Führern, sondern von den Untergebenen erledigt werden mußten. Aber trotz der strengen Kastenunterschiede Darkovers gab es auf diesem Planeten keine sozialen Unterschiede der irdischen Strickart. Ebensowenig gab es Galanterien. Lediglich Kendricks schaltete sich ein, als Kyla darauf bestand, die Packladungen zu inspizieren, und einen Teil des Kistenschleppens übernahm.

Nach einer Weile kehrte Regis zu mir ans Feuer zurück. Die drei zähen Brüder waren inzwischen ebenfalls aufgestanden und planschten geräuschvoll in der Furt des Flusses herum. Die anderen schliefen noch. Regis fragte: »Soll ich sie wecken?«

»Nicht nötig. Der Kadarin wird von den Meeresgezeiten gespeist, und wir müssen sowieso auf die Ebbe warten, ehe wir ihn durchqueren können. Es wird nahezu Mittag werden, ehe wir hinüber können.«

Regis schnupperte am Kessel. »Riecht gut«, entschied er sich schließlich und tauchte seine Schüssel ein. Er nahm Platz und balancierte das Essen auf den Knien. Ich tat es ihm gleich, und er sagte zu mir: »Erzählen Sie mir etwas über sich, Jason. Woher wissen Sie so viel über die Hellers? Lerrys war bei der ›Narr-

Kampagne‹ dabei, aber Sie sehen zu jung aus, als daß Sie hätten dabeigewesen sein können.«

»Ich bin älter, als ich aussehe«, erwiderte ich, »aber dafür bin ich wirklich nicht alt genug.« (Während des kurzen Bürgerkrieges, als die Darkovaner die Waldläufer in den »Narr-Pässen« bekämpft hatten, war ich, ein Junge von elf Jahren, als Spion gegen die menschlichen Eindringlinge eingesetzt worden; aber das erzählte ich Regis nicht.) »Ich habe acht Jahre bei ihnen gelebt.«

»*Sharra!* Das waren Sie?« Der darkovanische Prinz sah aufrichtig beeindruckt aus. »Kein Wunder, daß man Ihnen diese Aufgabe übertragen hat! Jason, ich beneide Sie!«

Ich gab ein kurzes, bellendes Gelächter von mir.

»Nein, Jason, ich meine das ernst. Als Junge versuchte ich in den Terranischen Raumdienst zu kommen, aber meine Familie überzeugte mich schließlich davon, daß mir als einem Hastur bereits andere Aufgaben zugedacht waren – daß es die Pflicht der Hasturs sei, dafür zu sorgen, Terra und Darkover in friedlichem Einvernehmen zu halten. Das gereicht mir natürlich zu einem großen Nachteil, verstehen Sie? Jedermann ist der Ansicht, ich müsse mir ein paar Kissen um den Kopf binden – für den Fall, daß ich einmal stolpere.«

»Warum, zum Teufel, hat man Sie dann auf eine gefährliche Mission wie diese mitziehen lassen?«

Hasturs Augen leuchteten auf, aber sein Gesicht blieb absolut unbewegt, als er mit ernster Stimme sagte:

»Ich habe meinem Großvater klargemacht, daß ich meiner Pflicht der Familie gegenüber absolut nachgekommen bin. Ich habe fünf Söhne, davon drei legale, die in den letzten beiden Jahren zur Welt gekommen sind.«

Ich keuchte, verschluckte mich und brach in ein donnerndes Gelächter aus, als Regis aufstand und zum Fluß ging, um seine Schale zu spülen.

Die Sonne stand schon hoch am Himmel, als wir das Lager abbrachen. Während die anderen die letzten sattelfertig verpackten Kleinigkeiten auf die Packtiere luden, gab ich Kyla den Auftrag, die Rucksäcke fertig zu machen, die wir tragen würden, wenn der Weg selbst für die Tiere zu schlecht wurde, und ging noch einmal ans Flußufer, um die Tiefe der Furt nachzuprüfen und einen Blick auf die wolkenverhangenen Klüfte zwischen den einzelnen Bergspitzen zu werfen.

Die Männer packten das Kleinzelt zusammen, das wir in den Wäldern benutzen würden, und legten dabei eine Geschicklichkeit an den Tag, der mich den Unsinn, den sie dabei machten, übersehen ließ. Daß man mir eine gute Mannschaft zugeteilt hatte, war mir bereits klargeworden. Rafe, Lerrys und die drei darkovanischen Brüder waren niemals müde, stets gut aufgelegt und, was die Berge anbetraf, abgehärtet. Kendricks – in dieser Umgebung absolut außerhalb seines Elements – war, was die Ausführung von Befehlen anbelangte, absolut vertrauenswürdig, und ich wußte, daß ich mich auf ihn würde verlassen können. So komisch es auch klingt, aber die Tatsache, daß er ein Terraner war, wirkte sogar beruhigend auf mich, obwohl ich erwartet hatte, das genaue Gegenteil würde der Fall sein.

Das Mädchen Kyla war immer noch so etwas wie eine unbekannte Größe für mich. Sie war zu ruhig und steif. Zwar tat sie ihre Arbeit, sagte aber selten ein Wort. Aber immerhin befanden wir uns noch nicht im Bergland. Bisher war sie mir mit schweigsamer Freundlichkeit begegnet. Ansonsten kam sie naturgemäß besser mit den Darkovanern zurecht, und so hatte ich mich nicht viel um sie gekümmert.

»He, Jason, machen Sie mal Platz«, rief jemand, und ich bewegte mich blinzelnd zur Seite. Die Sonne schmerzte auf meinem Gesicht. Ich fuhr vorsichtig mit der Hand über die Haut und stellte fest, was damit geschehen war.

Am gestrigen Tag, den ich auf dem unbedeckten Laster zugebracht hatte, und am heutigen Morgen hatte ich mir, ohne einen Gedanken an die in dieser Höhe heiße Sonne zu verschwenden oder gegen ihre Strahlen Maßnahmen zu ergreifen, eine Verbrennung zugezogen, die mein Gesicht rot werden ließ. Ich ging auf Kyla zu, die gerade mit wohlberechneten Bewegungen ein letztes Gepäckteil auf eines der Lasttiere lud.

Sie wartete nicht einmal ab, daß ich sie darum bat, sondern begriff die Situation mit einem amüsierten Blick in mein Gesicht sofort. »Sonnenbrand? Tun Sie das hier darauf.« Sie gab mir eine

Tube, die eine weiße Creme enthielt. Ich versuchte den Deckel abzuschrauben, schaffte es aber nicht, und so nahm sie sie mir wieder aus der Hand, quetschte sich eine Portion auf das Handgelenk und sagte: »Stehen Sie still und bücken Sie sich.«

Sie verteilte die Mixtur auf meiner Stirn und meinen Wangen. Es fühlte sich kalt, aber gut an. Ich war gerade mitten in meiner Dankesrede, als sie in ein lautes Gelächter ausbrach.

»Was haben Sie denn?«

»Sie sollten sich selbst sehen«, gurgelte sie.

Ich fand das gar nicht witzig. Ich zweifelte nicht daran, daß ich eine ziemlich groteske Erscheinung abgab und daß es ihr gutes Recht war, sich darüber vor Lachen auszuschütten, aber dennoch machte ich ein finsteres Gesicht. Es schmerzte. Um die Angelegenheit wieder auf den richtigen Nenner zu bringen, fragte ich: »Haben Sie die Kletterlasten fertig gemacht?«

»Alle, bis auf das Bettzeug. Ich war mir nicht sicher, wieviel wir uns erlauben können«, erwiderte sie. »Jason, haben Sie eine Schneebrille dabei?« Ich nickte, und sie fügte gewissenhaft hinzu: »Vergessen Sie sie nicht. Schneeblindheit, das kann ich Ihnen versichern, ist noch unangenehmer als Sonnenbrand. Und *sehr* schmerzhaft!«

»Verdammt noch mal, Mädchen, ich bin doch nicht blöd!« explodierte ich.

In ihrem ausdruckslosen, beinahe monotonen Tonfall sagte sie: »Dann hätten Sie wissen müssen, wie man es vermeidet, einen Sonnenbrand zu bekommen. Hier, stecken Sie das ein.« Sie gab mir die Tube mit der Creme gegen Sonnenbrand. »Vielleicht sollte ich auch bei den anderen einmal nachsehen, ob sie nichts vergessen haben.« Sie ging ohne ein weiteres Wort und ließ mich mit dem unangenehmen Gefühl zurück, daß ich den kürzeren gezogen hatte.

Forth hatte mir fast das gleiche zu verstehen gegeben.

Ich wies die darkovanischen Brüder an, die Packtiere durch die niedrigste Stelle der Furt zu treiben, und bat Lerrys und Kyla darum, Kendricks, der den wirbelnden, tödlichen Strömungen eines Gebirgsstromes möglicherweise nicht gewachsen war, zwischen sich zu nehmen. Rafe hatte Schwierigkeiten, sein zottiges Pferd überhaupt ins Wasser zu bekommen. Schließlich stieg er wieder ab, zog die Stiefel aus und führte das Tier über den schlüpfrigen Untergrund. Ich durchquerte die Furt als letzter, hielt mich in der Nähe von Regis Hastur auf und achtete sorgsam auf alle möglichen Gefahren, während ich gleichzeitig ärgerlich dem Gedanken nachhing, daß man einer für Darkovers Politik derart wichtigen Persönlichkeit die Teilnahme an einem Unternehmen wie diesem hätte untersagen müssen. Wäre der terranische Legat (undenkbar!) mit uns gekommen, hätten ihn Leibwächter, Geheimdienstler und Dutzende von Vorkehrungen gegen Unfälle, Attentate oder Mißgeschicke aller Art umgeben.

Den ganzen Tag über ritten wir bergauf und lagerten am fernsten Punkt, den wir mit unseren Reit- und Packtieren erreichen konnten. Der nächste Tag würde uns in noch gefährlichere Zonen bringen, aber den weiteren Weg mußten wir zu Fuß zurücklegen. Wir schlugen ein bequemes Lager auf, aber ich muß zugeben, daß ich in dieser Nacht schlecht schlief. Kendricks, Lerrys und Rafe litten unter quälenden Kopfschmerzen, was auf die dünne Luft und die Sonnenstrahlen zurückzuführen war. Ich war an die Umweltbedingungen besser angepaßt, aber auch ich fühlte einen unangenehmen Druck in den Ohren. Regis wies hartnäckig jede Art von Mitgenommenheit von sich, aber er stöhnte und schrie im Schlaf fortgesetzt auf, bis Lerrys ihm einen Tritt versetzte und er in Schweigen – und, wie ich befürchte, in Schlaflosigkeit – verfiel. Kyla schien von uns allen am wenigsten mitgenommen zu sein; offenbar war sie häufiger als wir alle zusammen in diesen Höhen gewesen. Allerdings zeigten sich dunkle Ringe unter ihren Augen.

Als wir uns auf das letzte lange Wegstück nach oben vorbereiteten, klagte allerdings keiner von uns. Mit etwas Glück konnten wir den Dämmerungs-Paß noch vor Einbruch der Nacht hinter uns bringen; zumindest konnten wir in seiner Umgebung biwakieren. Unser Lager befand sich auf dem letzten Absatz vor dem Gipfelanstieg; wir fesselten die Packtiere so, daß sie sich nicht allzuweit entfernen konnten, und ließen ihnen genügend Futter zurück. Abgesehen von jenen Ausrüstungsteilen, auf die wir nicht verzichten konnten, verstauten wir alles andere in einem Depot. Bevor wir auf die erste Steilwand zusteuerten – die Spur, in der wir uns bewegen mußten, wies kaum mehr Raum auf als für ein

Wesen von Kaninchengröße –, warf ich Kyla einen Blick zu und sagte: »Wir gehen am Seil, und zwar von Anfang an.«

Einer der darkovanischen Brüder starrte mich verächtlich an. »Und Sie wollen ein Bergsteiger sein, Jason? *Diesen* Hang kann meine kleine Tochter erklettern, und alles was sie dazu braucht, ist ein kleiner Schubs in den Rücken.«

Ich biß die Zähne aufeinander und sah ihn an. »So leicht ist der Fels nun auch wieder nicht zu überwinden, und einige von uns haben überhaupt keine Erfahrungen mit einem Seil. Jetzt haben wir noch die Möglichkeit, ein wenig zu üben; wenn es richtig ernst wird, werden wir dafür keine Zeit mehr haben.«

Meine Entscheidung gefiel ihnen immer noch nicht, aber der nächste Protest kam erst, als ich den großen Kendricks zum Mittelmann der zweiten Seilschaft bestimmte. Er starrte mißtrauisch auf das dünne Nylonseil und wollte mit besorgter Stimme wissen: »Sollte ich nicht als letzter gehen, bis ich weiß, was ich zu tun habe? Wenn ich zwischen zwei Leuten eingekeilt bin, könnte ich vielleicht irgend etwas Dummes anstellen.«

Hjalmar brüllte vor Lachen und erklärte ihm, daß die Position des Mittelmannes einer Dreierseilschaft grundsätzlich für Schwächlinge, Neulinge und Amateure reserviert werde. Es hätte Kendricks' Temperament entsprochen, wenn er daraufhin in die Luft gegangen wäre. Der stämmige Raumfahrer und der darkovanische Riese blickten einander an, dann zuckte Kendricks die Achseln und befestigte das Seil an seinem Gürtel. Kyla warnte Lerrys und ihn davor, in die Tiefe zu sehen, und dann gingen wir los.

Das erste Stück war beinahe zu einfach. Es bestand aus einer schmalen Piste, die sich mehrere Meilen in die Höhe schraubte. Als wir einen Augenblick rasteten, hatten wir Gelegenheit, uns umzudrehen und einen Blick über das gesamte sich unter uns ausbreitende Tal zu werfen. Allmählich wurde der Anstieg jedoch steiler, und wir mußten stellenweise Steigungen überwinden, die fünfzig Grad aufwiesen und mit Geröll, losen Felsbrocken und Kies bedeckt waren, so daß uns nichts anderes übrigblieb, als einen sorgfältigen Halt für unsere Füße zu suchen, die Hände auszustrecken und voranzuziehen, bevor wir den nächsten Schritt wagten. Jede unbedachte Gewichtsverlagerung auf dem unberechenbaren Grund hätte das Geröll unter unseren Füßen in Bewegung versetzen können. Einer der darkovanischen Brüder – ich glaube, es war Vardo – ging etwa vier Meter hinter mir an dem dünnen Seil. Er verlor zweimal auf dem unebenen Geröllboden den Halt und stolperte. Jedesmal verspürte ich ein unangenehmes Zerren am Seil. Die Flüche, die er dabei ausstieß, waren absolut berechtigt, denn auf Hängen wie diesem, wo ein Sturz nicht sonderlich gefährlich war, hätte es jedem Bergsteiger besser angestanden, ohne Seil zu arbeiten. Ein Ausrutscher hätte nur denjenigen betroffen, der ausrutschte. Aber auf diese Weise konnte ich in Erfahrung bringen, was ich wissen wollte – welche Fähigkeiten die Kletterer besaßen, die ich über die Hellers bringen mußte.

Auf einer Klippenoberfläche verengte sich der Weg schließlich horizontal und führte in Form eines fußbreiten Abhangs, der mit lockerem Geröll und armseligen Pflanzen bewachsen war, über einen glatten, fünfzehn Meter langen Felsblock dahin. Für einen erfahrenen Kletterer wäre das natürlich kein großes Hindernis gewesen, bequem wie eine vierspurige Autobahn. Kendricks machte einen nervösen Witz darüber, daß er sich wie ein Seiltänzer vorkäme, aber als die Reihe dann an ihm war, brachte er den Weg mit aller Sorgfalt und ohne das Gleichgewicht zu verlieren hinter sich. Die Amateure – Lerrys Ridenow, Regis und Rafe – nahmen den Grat ohne zu zögern, aber ich fragte mich, ob sie auch mit ihm fertig geworden wären, wenn er weniger sicher gewesen und höher gelegen hätte. Für einen echten Bergsteiger bleibt ein Trampelpfad ein Trampelpfad, egal ob er über eine Wiese, einen fünfzig Zentimeter tiefen Abhang, am Rand eines zehn Meter tiefen Abgrundes entlang oder über einen Bergrücken führt, der sich fünf Kilometer oberhalb des ersten Lagers befindet.

Nachdem wir den Hang hinter uns gebracht hatten, wurde das Gehen schwieriger. Der Weg wurde steiler, war hier und da kaum noch als solcher zu erkennen und führte zwischen verfilzten Büschen und überhängenden Bäumen dahin, die sich eng aneinander drängten. Dann und wann behinderten ihre den Boden durchstoßenden Wurzeln unseren Aufstieg; manchmal hatten sie sogar mit beharrlicher Kraft Erdreich und Steine beiseite geschoben, und wir waren gezwungen, uns einen Weg durch das ineinander verwobene Unterholz zu bahnen, was einem Waldläufer sicherlich keine Schwierigkeiten bereitet hätte, unsere dem Boden angepaßten Körpern jedoch einen kräftigen Muskelkater bescherte. Einmal war der Weg dermaßen stark von durch Sturmfluten oder Wolkenbrüche angeschwemmtem Geäst und Blattwerk blockiert, daß wir uns über einen hundert Meter langen Felsvorsprung unter größten Anstrengungen daran vorbeiarbeiten mußten. Der Weg erlaubte nie mehr als einem Mann gleichzeitig die Überquerung, und dieser mußte sich noch abstützen und jeden Schritt einzeln abwägen, um die Balance zu halten. Von nun an beschwerte sich niemand mehr über das Seil.

Gegen Mittag hatte ich zum erstenmal den Eindruck, daß wir uns nicht mehr allein in der Wand aufhielten.

Es war zunächst nicht mehr als eine Bewegung, die ich aus den Augenwinkeln erfaßte – der Anflug eines Schattens. Als ich ihn zum viertenmal sah, rief ich Kyla leise zu: »Haben Sie etwas bemerkt?«

»Ich dachte schon, es hätte an meinen Augen oder an der Höhe gelegen. Ich habe es auch gesehen, Jason.«

»Halten Sie nach einem Platz Ausschau, an dem wir eine Pause machen können«, wies ich sie an. Wir kletterten über einen schmalen Grat, während die kaum zu erkennenden Schatten uns zu beiden Seiten folgten.

»Ich bin froh, wenn wir erst einmal hier heraus sind«, flüsterte ich dem Mädchen zu. »Zumindest werden wir dann sehen können, wer hinter uns her ist.«

»Wenn es zu einem Kampf kommt«, sagte sie überraschenderweise, »würde ich es lieber hier auf dem Geröll durchstehen als auf dem Eis.«

Hinter einer Felswand erklangen brüllende Geräusche. Kyla schwang sich hinauf, balancierte auf einer verkrüppelten Baumwurzel dahin, legte die Hände seitlich an den Mund und rief: »Stromschnellen!«

Ich zog mich über den Rand hinweg, blieb stehen und schaute auf einen schmalen Gebirgsbach hinab. Der Weg, dem wir gefolgt waren, wurde an dieser Stelle von den tiefen, brüllenden Fluten eines Gebirgsstromes gekreuzt.

Weniger als zehn Meter breit jagte die eisige Flut beinahe

wie ein Wasserfall an uns vorbei. Sie stürzte oberhalb unseres Aufenthaltsortes von einem hohen Vorsprung herab und hatte sich etwa zwei Meter tief in den Felsboden gegraben. Das Brüllen, das der Gebirgsstrom erzeugte, machte einen solchen Lärm, daß es im Inneren meines Kopfes vibrierte. Der Anblick, den er bot, war entsetzlich; jeder, der den Versuch unternahm, ihn zu durchqueren, mußte in Sekundenschnelle von den Füßen gerissen und von der Strömung Hunderte von Metern weit den Hang hinuntergespült werden.

Rafe kletterte vorsichtig über den Uferrand, den der Strom in den Felsboden geschnitten hatte, und kniete sich hin, um eine Handvoll Wasser zu schöpfen und zu trinken.

»Verdammt, es ist kälter als die neunte Hölle Zandrus. Es muß direkt von einem Gletscher kommen!«

Er hatte recht. Ich erinnerte mich an den Weg und ebenso an diesen Platz. Kendricks trat zu mir an den Rand und fragte: »Wie kommen wir da hinüber?«

»Das weiß ich noch nicht«, erwiderte ich und studierte eingehend die dahinrasenden weißen Schaumkronen. Weiter oben, etwa sieben Meter von der Stelle entfernt, an der wir uns versammelt hatten, hingen die dicken Zweige gewaltiger Bäume über die Stromschnellen hinweg. Etliche ihrer knorrigen, ineinander verwobenen Wurzeln waren von den zerrenden Wassermassen freigelegt worden – und zwischen diesen Bäumen, etwa drei Meter oberhalb des Wasserspiegels, hing eine der seltsamen Schwingbrücken der Waldläufer.

Nicht einmal mir war es gelungen, die Schwingbrücken ohne Hilfestellung zu bedienen, denn die menschliche Armmuskulatur ist dem dazu nötigen Kraftaufwand nicht mehr gewachsen. Aber selbst wenn ich früher in der Lage gewesen wäre, die Brücke zu bedienen, stand dieses Thema jetzt – außerhalb einer Situation, die eine verzweifelte, letzte Entscheidung verlangte – nicht zur Debatte. Rafe oder Lerrys, die leicht gebaut waren und akrobatische Fähigkeiten besaßen, hätten sie vielleicht über ebenem Boden auf einem Sportplatz bewegen können; auf einem steilen und felsigen Berghang, wo ein Absturz gleichbedeutend damit war, daß man dreihundert Meter weit in einen Sturzbach gewirbelt wurde, standen ihre Chancen weniger gut. Die Schwingbrücke der Waldläufer kam für uns nicht in Frage. Aber welche Alternative hatten wir?

Ich wandte mich Kendricks zu, jenem Mann, dem ich mein Leben am ehesten anzuvertrauen bereit war, und sagte: »Der Strom sieht zwar undurchquerbar aus, aber ich glaube, daß zwei Männer, die sich auf den Beinen halten können, hindurchkommen könnten. Die anderen könnten uns für den Fall, daß wir umfallen, an Seilen halten. Wenn wir das gegenüberliegende Ufer erreichen, können wir ein Seil an dieser Felsnase . . .« – ich zeigte ihm, welche ich meinte – » . . .befestigen, und die anderen können sich daran entlangziehen. Diejenigen, die zuerst hinübergehen, werden die einzigen sein, die ein Risiko auf sich nehmen. Wollen Sie es versuchen?«

Es gefiel mir, daß er mir darauf nicht sofort eine Antwort gab, sondern ein Stück am Ufer des Stromes entlanglief und den felsigen Untergrund prüfte. Es gab keinen Zweifel daran, daß die sieben anderen uns wieder an Land ziehen konnten, wenn wir den Boden unter den Füßen verlieren sollten, aber es bestand immerhin die Möglichkeit, daß wir uns verletzten, wenn die Strömung uns gegen die Felsen schleuderte. Erneut nahm ich die schattenhaften, nur schwer zu erfassenden Bewegungen im Dickicht wahr. Wenn die Waldläufer den Zeitpunkt abwarteten, wenn wir in der Mitte der Stromschnellen waren, würden wir ihnen ein ausgesprochen leichtes Angriffsziel bieten.

»Wir sollten versuchen, einen leichteren Weg zu finden, um das Seil auf der anderen Seite zu befestigen«, sagte Hjalmar und entnahm seinem Rucksack ein Reserveseil. Er rollte es auf, versah eines der Enden mit einer Wurfschlinge, ließ es über dem Kopf kreisen und warf es der Felsnase entgegen, die wir uns als Fixpunkt ausgesucht hatten. »Wenn ich es hinüber bekomme . . .«

Das Seil landete kurz davor. Hjalmar zog es ein und unternahm einen erneuten Versuch. Drei erfolglose Würfe später, die wir mit angehaltenem Atem verfolgten, legte die Schlinge sich schließlich um das ersehnte Ziel. Mit einer geschickten Bewegung zog Hjalmar die Schlinge fest. Wir sahen zu, wie sich das Seil oberhalb der Stromschnellen straffte. Der Knoten hielt und verfestigte sich. Hjalmar grinste und stieß befriedigt den Atem aus.

»Na bitte«, sagte er, zerrte am anderen Seilende und prüfte die Festigkeit, indem er mit aller Gewalt an der Leine riß. Die Felsnase gab mit einem harten Knirschen nach, zerbrach und fiel ins Wasser, während Hjalmar, der darauf nicht gefaßt gewesen war, strauchelte und beinahe den Boden unter den Füßen verlor. Der Felsbrocken verschwand mit einem lauten Aufklatschen in den Fluten und wurde von der Strömung schneller und schneller bergab getrieben, wobei er das Seil hinter sich herzog.

Eine Minute lang fiel uns nichts Besseres ein, als dazustehen und ihm nachzustarren. Hjalmar stieß im kaum wiederzugebenden Dialekt der Bergbewohner einen schrecklichen Fluch aus, und seine Brüder stimmten ihm zu. »Wie, zum Teufel, hätte ich ahnen können, daß der *Felsen* auseinanderbricht?«

»Besser jetzt als in dem Moment, da unser Leben von ihm abgehangen hätte«, sagte Kyla ruhig. »Ich habe eine bessere Idee.« Während sie sprach, band sie sich von unserem Kletterseil los und schlang ein Ersatzseil durch ihren Gürtel. Das andere Ende reichte sie Lerrys. »Halt das fest«, sagte sie, zog ihre Windjacke aus und stand zitternd in einem dünnen Pullover da. Schließlich entledigte sie sich ihrer Stiefel und warf sie mir zu. »Und jetzt heb mich auf deine Schultern, Hjalmar!«

Ich erkannte ihre Absicht zu spät und schrie: »Nein, lassen Sie . . .« Aber sie hatte sich bereits hochgereckt, stand schwankend auf den Schultern des großen Darkovaners und griff nach der untersten Schlinge der Waldläufer-Schwingbrücke. Und schon hing sie frei in der Luft und pendelte beängstigend hin und her, während die hängenden Lianen dem Gewicht ihres Körpers nachgaben.

»Hjalmar, Lerrys! Holt sie da runter!«

»Ich bin leichter als jeder von euch«, rief Kyla, »und nicht standfest genug, um an den Seilen von Nutzen zu sein!« Ihre Stimme schwankte ein wenig, als sie hinzufügte: »Und halte das Seil fest, Lerrys, sonst war alles umsonst!«

Sie griff nach der herabhängenden Liane und streckte die freie Hand nach der nächsten aus. Nun schwang sie sich über den Rand der unter ihr dahinrasenden Stromschnellen. Wortlos signalisierte ich den anderen, daß sie sich weiter unterhalb Kylas aufstellen sollten – als hätten wir ihr helfen können, wenn sie abstürzte.

Hjalmar, der angespannt beobachtete, wie die Frau nach der unter ihrem Gewicht langsam nachgebenden dritten Schlinge griff, schrie plötzlich: »Kyla, schnell! Die *nächste* . . . berühre sie nicht! Sie ist durchgescheuert, völlig verrottet!«

Kyla hielt sich nun mit beiden Händen an der dritten Schlinge fest, streckte einen Arm weit aus, verpaßte das übernächste Ziel, nahm Schwung und landete schließlich, schweratmend, aber sicher, an der fünften. Ich beobachtete sie mit würgender Wut. Das verdammte Mädchen hätte mir sagen müssen, was es beabsichtigte.

Als Kyla nach unten blickte, konnten wir kurz ihr Gesicht sehen, das unter einer Schicht aus Sonnenbrandcreme und Schweiß glänzte und von der Anstrengung sprach, der sie sich ausgesetzt hatte. Ihre winzige, schwankende Gestalt hing vier Meter über den wild schäumenden Wassern, und wenn sie den Halt verlor, konnte sie nur noch ein Wunder retten. Eine Minute lang blieb sie dort hängen, pendelte leicht hin und her und begann dann einen erneuten Anlauf. Nachdem sie dreimal hin und her geschwungen war, machte sie einen Vorwärtssprung und packte die letzte Schlinge. Sie entglitt Kylas Fingern. Sie machte eine schnelle Bewegung mit der anderen Hand. Die Liane senkte sich unter ihrem Griff, jagte durch ihre Handfläche und riß mit einem scharfen Knacken auseinander. Als sie fiel, schrie Kyla wild auf und versuchte ihren Körper panisch in der Luft zu drehen. Als sie auf den Boden prallte, lag sie zur Hälfte im Wasser und zur anderen auf dem rettenden Ufer. Sie zog die Beine ins Trockene und krümmte sich zusammen. Zwar war sie bis an die Hüften naß, aber gerettet.

Die Darkovaner schrien vor Begeisterung. Ich wies Lerrys an, sein Seilende um eine stämmige Baumwurzel zu binden, und rief: »Sind Sie verletzt?« Mit pantomimischen Zeichen gab sie mir zu verstehen, daß das Gedonner des Stroms jegliche Worte erstickte. Dann beugte sie sich nieder, um ihr eigenes Seilende zu befestigen. Mit Zeichensprache machte ich ihr klar, daß sie besonders darauf achten solle, daß die Knoten fest seien; wenn einer von uns ausgerutscht wäre, hätte sie nicht die Kraft gehabt, ihn zu halten.

Um die Festigkeit des Seils zu testen, zog ich selbst daran. Es hielt. Ich band Kylas Stiefel mit den Schnürriemen zusammen, hängte sie um meinen Hals, griff nach dem gespannten Seil und stieg zusammen mit Kendricks ins Wasser.

Es war noch eisiger, als ich erwartet hatte, und mein erster Schritt wäre beinahe mein letzter gewesen, denn der schäumende Ansturm riß mich auf die Knie, und ich wäre der Länge nach hingefallen, hätten meine Hände das Seil nicht mit aller Kraft festgehalten. Buck Kendricks streckte die Arme nach mir aus und ließ, um mich erreichen zu können, sogar das Seil fahren, wofür ich ihn wütend ausschimpfte, während wir wieder auf die Beine kamen und uns der heftigen Strömung entgegenstemmten. Während wir mit den erdrückenden Wassermassen kämpften, mußte ich mir eingestehen, daß wir den Strom ohne das Seil, für das Kyla ihr Leben aufs Spiel gesetzt hatte, niemals hätten überwinden können.

Zitternd erreichten wir das andere Ufer und zogen uns an Land. Mit einem Handzeichen gab ich den Zurückgebliebenen zu verstehen, daß sie den Fluß paarweise durchqueren sollten. Plötzlich zupfte Kyla an meinem Jackenärmel. »Jason . . .«

»Später, verdammt noch mal!« Ich mußte brüllen, um mich durch die brüllenden Wasser hindurch verständlich zu machen, und streckte einen Arm aus, um Rafe ans Ufer zu ziehen.

Kyla formte mit den Händen einen Trichter und brüllte in mein Ohr: »Es . . . ist . . . dringend!«

Ich wandte mich zu ihr um.

»*Was?*«

»Da . . . sind . . . *Waldläufer!* . . . Auf der Höhe der Brücke! Ich habe sie gesehen! Sie werden das Seil zerschneiden!«

Regis und Hjalmar kämpften sich als letzte durch den Strom. Regis, der am leichtesten gebaut war, verlor sofort den Boden unter den Füßen, aber Hjalmar wandte sich um und wollte ihn packen. Ich schrie ihm zu, daß er sich festhalten solle, denn sie waren immer noch durch das Kletterseil miteinander verbunden. Wenn die Seile sich verfingen, hätte leicht jemand anders ums Leben kommen können. Lerrys und ich eilten ihnen entgegen und zogen Regis aus dem Gefahrenbereich. Er hustete und spuckte eisiges Wasser aus und war naß bis auf die Haut.

Ich gab Lerrys, obwohl ich wenig Hoffnung hatte, daß es bei

unserer Rückkehr noch da sein würde, zu verstehen, er solle das Seil an seinem Platz belassen. Nach einem kurzen Rundblick beratschlagten wir, was wir jetzt tun sollten. Regis, Rafe und ich waren völlig durchnäßt, die anderen mindestens bis zu den Hüften. Obwohl wir uns natürlich noch keine Gedanken über Erfrierungen zu machen brauchten, waren wir doch schon hoch genug gestiegen, um unserer Gesundheit zu schaden, wenn wir unsere Kleider nicht trockneten. Ob die Waldläufer nun in unserer Nähe waren oder nicht, wir mußten das Risiko, uns an einen Ort zu begeben, wo wir ein Feuer anzünden und uns trocknen konnten, eingehen.

Der weitere Weg führte über felsigen Untergrund und war schwer zu bewältigen. Es gab sogar Situationen, angesichts deren uns nichts anderes übrigblieb, als auf allen vieren zu kriechen und uns flach gegen den Boden zu pressen. Während wir uns höher hinaufbewegten, frischte der Wind auf, heulte durch das Dikkicht, jagte über Felsnasen dahin und biß mit eisigen Zähnen durch unsere feuchten Kleider. Kendricks hatte es besonders schwer, und obwohl mir die Kälte entsetzliche Schmerzen verursachte, half ich ihm , wo ich nur konnte. Auf einem der niedrigeren Gipfel stießen wir schließlich auf eine Lichtung, die kaum mehr war als ein kleiner, kahler Fleck, und ich wies die beiden am wenigstens nassen unter den darkovanischen Brüdern an, trockenes Holz zu sammeln, mit dem wir ein Feuer anzünden konnten. Es war kaum die richtige Zeit, ein Lager aufzuschlagen, aber der Sonnenuntergang würde spätestens dann zu Stelle sein, wenn unsere Kleider trocken genug waren, um sicher weiterzugehen. Also gab ich den Befehl, das Zelt auszuschlagen, und wandte mich wütend Kyla zu. »In Zukunft unterlassen Sie gefälligst gefährliche Unternehmungen dieser Art – es sei denn, ich trage sie Ihnen auf!«

»Machen Sie's nicht so schlimm«, wandte Regis Hastur ein. »Ohne das Seil hätten wir den Fluß niemals überqueren können. Sie haben gute Arbeit geleistet, Mädchen.«

»Sie halten sich da raus!« fauchte ich. Natürlich hatte er recht, aber es störte mich einfach, wie Kylas unbeteiligtes Gesicht unter dem Lob Hasturs plötzlich aufglühte.

Tatsache war – das mußte ich mir widerwillig eingestehen –,

daß ein Leichtgewicht wie Kyla auf einer Schwingbrücke weniger Risiken einging als inmitten der brüllenden Strömung. Aber auch diese Erkenntnis trug nicht dazu bei, meinen Verdruß zu lindern. Regis Hasturs Einmischung und das Lächeln auf Kylas Gesicht brachten mich einfach hoch.

Obwohl ich an sich vorgehabt hatte, ihr noch ein paar Fragen wegen der von ihr an der Brücke beobachteten Waldläufer zu stellen, ließ ich es bleiben. Man hatte uns während der Durchquerung der Stromschnellen in Ruhe gelassen, deshalb war nicht auszuschließen, daß eine uns nicht feindlich gesinnte Gruppe nichts anderes tat, als unsere Fortschritte zu beobachten – und sich möglicherweise darüber im klaren war, daß wir eine friedliche Mission verfolgten.

Ich selbst glaubte allerdings keinen Moment an eine solche Möglichkeit, denn wenn ich überhaupt etwas über die Waldläufer wußte, dann dieses eine – daß man sie nicht nach menschlichen Standards beurteilen konnte. Ich versuchte mir auszumalen, was ich an ihrer Stelle getan hätte, aber mein Gehirn war im Moment nicht darauf eingestellt, ihr Selbstverständnis nachzuempfinden.

Ohne den geringsten Gedanken daran zu vergeuden, daß man uns möglicherweise beobachtete, hatten die darkovanischen Brüder ein Feuer angezündet. Mir schien, daß die herrschende Moral und die Gelassenheit der zitternden Mannschaft im Augenblick von größerem Wert war als jegliche Vorsicht, und als ich am knisternden Feuer saß, spürte, wie meine nassen Kleider wieder trocken wurden, und aus einem Becher heißen Tee trank, erschien mir alles so, als hätten wir die richtige Entscheidung getroffen. Der Optimismus kehrte zurück. Kyla, die sich von Hjalmar ihre durch die Liane aufgeschürften Hände verbinden ließ, scherzte mit den Männern über ihre akrobatischen Kunststückchen.

Wir hatten das Lager auf dem Gipfel eines weit vorgelagerten Ausläufers der Hellers aufgeschlagen. Der gesamte Bergrücken breitete sich vor unseren Blicken aus und verwandelte sich im Licht der untergehenden Sonne in ein gesprenkeltes Farbmuster. Grün, türkis und rosa – die Berge waren noch schöner als in meiner Erinnerung. Die Anhöhe des hohen Bergrückens, den wir gerade erklommen hatten, hatte das wirkliche Bergmassiv vor unseren Blicken versperrt, und ich sah, wie Kendricks' Augen sich weiteten, als ihm klar wurde, daß der Gipfel, den wir gerade gemeistert hatten, nur den ersten Schritt auf dem Weg darstellte, der noch vor uns lag. Die Hauptwand ragte vor uns in den Himmel. Ihre tiefer liegenden Hänge waren dicht bewaldet, die höheren dagegen wirkten mit ihren Granitfelsen wie eine luftlose und öde Mondlandschaft. Oberhalb der Baumgrenze erstreckten sich steile, von blendendweißem Schnee und Eis bedeckte Wände. Von einem Gipfel floß ein Gletscher, der aussah wie ein mitten in der Bewegung erstarrter Wasserfall. Ich sprach leise das Wort vor mich hin, mit dem die Waldläufer den Berg bezeichneten, und übersetzte es laut für die anderen: »Die Mauer, die die Welt umgibt.«

»Eine treffende Bezeichnung«, murmelte Lerrys, der mit dem Becher in der Hand zu mir kam und die Bergwelt musterte. »Der große Gipfel dort drüben ist bisher noch nicht bestiegen worden, Jason, oder?«

»Ich kann mich nicht daran erinnern.« Meine Zähne klapperten, und ich zog mich ans Feuer zurück. Regis studierte den fernen Gletscher und murmelte: »So schlimm sieht er gar nicht aus. Es könnte einen Weg an der westlichen Arête entlang geben. Hjalmar, warst du nicht bei der Expedition, die den Hohen Kimbi bestieg und kartographierte?«

Der Riese nickte stolz. »Wir kamen fast dreißig Meter an den Gipfel heran, dann kam ein Schneesturm auf, und wir mußten umkehren. Eines Tages werden wir die Mauer, die die Welt umgibt, in Angriff nehmen. Man hat es schon versucht, aber den Gipfel hat bisher noch niemand bezwungen.«

»Es wird ihn auch niemand bezwingen«, behauptete Lerrys entschieden, »denn man müßte siebzig Meter glatter Felswand hinter sich bringen. Man würde Schwingen brauchen, um sie zu überwinden, Prinz Regis. Und außerdem gibt es da noch den Lawinensims, den man Höllenstraße nennt . . .«

Leicht gereizt wandte Kendricks ein: »Mir ist es völlig schnuppe, ob man ihn schon bezwungen hat oder jemals bezwingen wird! Jedenfalls wird es nicht unsere Aufgabe sein, dies zu tun!« Er warf mir einen durchdringenden Blick zu und meinte: »Das hoffe ich jedenfalls.«

»Natürlich nicht.« Ich war froh über seine Unterbrechung. Wenn die jungen Leute und die Amateure sich die Zeit damit zu vertreiben gedachten, hypothetische Angriffe auf einen unbezwungenen Berggipfel zu planen, war dagegen kaum etwas einzuwenden; aus anderer Perspektive war dies allerdings reine Zeitverschwendung. Ich zeigte Kendricks eine Kluft in der Bergwand, die sich einige hundert Meter unterhalb des Gipfels befand und von beiden Seiten ausgezeichnet gegen Lawinen geschützt war.

»Das ist der Dämmerungs-Paß; durch ihn werden wir gehen. Wir werden den Berg überhaupt nicht besteigen, und im Inneren des Passes werden wir nicht einmal siebentausend Meter hoch sein. Natürlich gibt es auch dort ein paar unangenehme Stellen, die es zu überwinden gilt, aber wir werden, soweit dies möglich ist, die Hauptbaumstraßen und kartographisch erfaßten Siedlungen der Waldläufer meiden. Vielleicht stoßen wir aber auf herumstreunende Banden . . .« Ich faßte einen Entschluß und bedeutete den anderen, sich um mich herum zu versammeln.

»Von nun an«, machte ich ihnen klar, »besteht die Möglichkeit, daß wir angegriffen werden. Kyla, berichten Sie, was Sie gesehen haben.«

Sie stellte ihren Becher ab. Ihr Gesicht wurde ernst, als sie den anderen offenbarte, was sie in der Nähe der Schwingbrücke beobachtet hatte. »Wir sind auf einer friedlichen Mission, aber das wissen sie noch nicht. Wir sollten stets daran denken, daß sie nicht die Absicht haben, jemanden umzubringen. Sie verletzen und rauben nur. Wenn wir deutlich machen . . .« – sie zeigte uns ein häßliches, kurzes Messer und schob es unbewegten Gesichts in den Ausschnitt ihrer Bluse –, » . . . daß wir kampfbereit sind, werden sie wieder verschwinden.«

Lerrys zog einen schlanken Dolch, den ich bis dahin für ein harmloses Zierstück gehalten hatte, und sagte: »Darf ich dazu etwas sagen, Jason? Aus den Zeiten der ›Narr-Kampagne‹ weiß ich, daß die Waldläufer in kleinen Gruppen kämpfen und – nach menschlichen Standards – keinerlei feste Regeln anerkennen.« Er sah sich mit einem scharfen Blick um, und ein leichtes Lächeln huschte über sein unrasiertes Gesicht. »Noch etwas. Ich brauche Ellbogenfreiheit. Wenn wir den Weg fortsetzen – bleiben wir dann weiterhin am Seil?«

Ich dachte darüber nach. Sein Enthusiasmus in bezug auf einen Kampf stieß mich einerseits ab, aber andererseits freute ich mich unerklärlicherweise darüber. »Ich würde nicht darauf bestehen wollen, jemanden am Seil laufen zu lassen, der glaubt, dadurch behindert zu werden«, sagte ich. »Aber wir werden das entscheiden, wenn die Zeit dazu gekommen ist. Noch ein persönlicher Rat: Die Waldläufer sind im Gegensatz zu uns daran gewöhnt, auf schmalen Pfaden zu laufen. Ihre erste Taktik könnte möglicherweise so aussehen, daß sie versuchen, uns – einen nach dem anderen – herunterzuschubsen. Wenn wir angeseilt sind, können wir uns ihrer besser erwehren.« Das Thema wechselnd, fügte ich hinzu: »Momentan ist es am wichtigsten, daß wir erst einmal trocken werden.«

Nachdem die anderen sich um das Feuer geschart hatten, blieb Kendricks bei mir und starrte in das Dickicht, das nahezu bis an unser Lager heranreichte. »Dieser Platz«, sagte er, »sieht aus, als wäre er schon früher als Raststätte verwendet worden. Sind wir hier wirklich angreifbarer als anderswo?«

Er hatte genau den Punkt getroffen, über den ich gar nicht reden wollte, denn die Lichtung stellte einen wirklich idealen Angriffsort dar. Ich sagte lediglich: »Zumindest gibt es hier nicht allzu viele Klippen, von denen man uns stürzen könnte.«

»Sie haben den einzigen Laser«, murmelte Kendricks.

»Ich habe ihn in Carthon gelassen«, erwiderte ich wahrheitsgemäß und fügte gebieterisch hinzu: »Hören Sie zu, Buck. Wenn wir auch nur einen einzigen Waldläufer töten – ausgenommen in einem Handgemenge und zur Selbstverteidigung –, können wir auf der Stelle unsere Sachen packen und nach Hause zurückkehren. Wir sind in einer friedlichen Mission unterwegs und erbitten einen Gefallen. Selbst wenn wir angegriffen werden – töten dürfen wir nur dann, wenn es gar nicht mehr anders geht, und zwar in einem Kampf von Mann gegen Mann!«

»Verflucht sei dieser elende Hinterwäldlerplanet . . .«

»Würden Sie es bevorzugen, lieber an der Waldläufer-Krankheit zu sterben?«

»Die werden wir uns sowieso einfangen«, sagte er mürrisch, »und zwar hier. Sie sind immun und sicher, was macht es Ihnen also schon aus! Aber wir anderen nehmen an einem Himmelfahrtskommando teil, und ... Verdammt noch mal, wenn ich schon sterben muß, will ich wenigstens ein paar von diesen Affen mit mir nehmen!«

Ich schaute zu Boden, biß mir auf die Unterlippe und schwieg. Ich konnte ihm seine Gefühle nicht verübeln. Etwas später deutete ich noch einmal auf die Kluft, die im Berghang sichtbar war. »Es ist nicht mehr weit. Wenn wir den Dämmerungs-Paß einmal hinter uns haben, ist es nicht mehr schwierig, zur Waldläuferstadt zu kommen. Hinter dem Paß liegt schon zivilisiertes Gebiet.«

»*Sie* nennen das vielleicht so«, sagte Kendricks und wandte sich ab.

»Ach, kommen Sie«, sagte ich. »Wir lassen unsere Füße weiter trocknen.«

Und in diesem Augenblick griffen sie an.

5.

Kendricks' Schrei war die einzige Warnung, die ich erhielt; dann war ich auch schon damit beschäftigt, mir jemanden vom Halse zu schaffen, der sich anschickte, meinen Rücken zu erklettern. Ich wirbelte herum, schüttelte das Geschöpf von mir ab und registrierte, daß die gesamte Lichtung bis an den Rand mit hellen, bepelzten Gestalten angefüllt war. Die Hände trichterförmig an den Mund gelegt, schrie ich im einzigen Waldläuferdialekt, den ich kannte: »Hört auf! Wir kommen in Frieden!«

Einer von ihnen rief etwas Unverständliches und stürzte auf mich zu. Es war ein anderer Stamm! Ich sah ein weißpelziges, kinnloses Gesicht, das vor Wut verzerrt war, und ein häßliches kleines Messer. Eine Frau! Ich zog meinen eigenen Dolch und wehrte den heftig geführten Stoß ab. Irgend etwas schnitt schmerzhaft über die Knöchel meiner Hand; meine Finger wurden schlaff. Die Klinge entfiel meiner Hand, und die Waldläuferfrau verschwand mit ihrer Beute leichtfüßig zwischen den Baumwipfeln.

Ich sah mich schnell um, bedeckte die blutenden Knöchel meiner Hand mit der anderen und sah, wie Regis Hastur mit einigen der Angreifer kämpfte. Mich durchzuckte der verrückte Gedanke, daß, wenn sie ihn töteten, ganz Darkover sich erheben, die Waldläufer ausrotten und mir die Schuld daran in die Schuhe schieben würde. Es gelang Regis schließlich, eine Hand freizubekommen und eine seltsame Bewegung mit den Fingern zu machen.

Es sah aus wie ein dreißig Zentimeter durchmessender Lichtblitz und explodierte im weißen Gesicht eines Geschöpfs, das einen entsetzten Schrei ausstieß, blind nach seinen Augen griff und mit einem verzweifelten Kreischen zwischen den Bäumen nach einer Deckung suchte. Der Rest der Horde gab ein langgezogenes, durchdringendes Geheul von sich, wich zurück und floh rückzugsartig in die Schatten der Wälder. Rafe rief ihnen eine Beleidigung nach, und dann jagte hinter den Fliehenden eine bläuliche Flamme her. Einer der Humanoiden fiel, ohne einen Laut von sich zu geben, und stürzte besinnungslos einen Abhang hinunter.

Ich rannte auf Rafe zu und kämpfte mit ihm um den Schocker, den er aus seinem Hemd hervorgezogen hatte. »Sie verdammter blinder Narr!« verfluchte ich ihn. »Sie hätten alles ruinieren können . . .«

»Sie hätten ihn umgebracht, wenn ich nicht . . .«, verteidigte er sich zornig. Es war ihm offenbar entgangen, auf welch geschickte Weise Regis sich selbst verteidigt hatte. Rafe winkte hinter der fliehenden Horde her und fauchte: »Warum gehen Sie nicht gleich mit Ihren Freunden?«

Mit einem Griff, den ich längst vergessen geglaubt hatte, legte ich meine Hand um seine Knöchel und drückte zu. Seine Finger wurden gefühllos. Ich schnappte mir den Schocker und warf ihn in die Tiefe.

»Noch ein Wort, und ich stoße Sie hinterher«, warnte ich ihn. »Ist jemand verletzt?«

Garin blinzelte, halb besinnungslos von einem Schlag, mit den Augen, Regis' Stirn war verletzt und zeigte einige Blutstropfen, und Hjalmars Oberschenkel wies einen sauberen Einschnitt auf. Meine eigenen Knöchel lagen nahezu frei, und meine Hand wurde taub. Es dauerte eine Weile, ehe jemand Kyla entdeckte, die sich in lautlosem Schmerz zusammenkrümmte. Als wir sie berührten, wurde sie schneeweiß und stöhnte. Wir ließen sie liegen, wo sie lag, rissen ihr Hemd in Fetzen, und Kendricks kniete sich nieder, um die Wunde zu untersuchen.

»Ein glatter Einstich«, sagte er, aber ich hörte ihm nicht zu. Irgend etwas hatte sich in mir umgedreht, wie eine Hand, die mein Gehirn durchwühlte, und . . .

Als Jay Allison sich umsah, wurde er von einem plötzlichen Schwindelanfall erfaßt. Er hielt sich nicht in Forths Büro auf, sondern stand in unmittelbarer Nähe eines tiefen Abgrundes. Er schloß kurz die Augen, fragte sich, ob dies der schlimmste seiner Alpträume sei, und sah, als er sie wieder öffnete, in ein bekanntes Gesicht.

Buck Kendricks war schneeweiß, als sein Mund sich öffnete und er heiser »Jay! Doktor Allison . . . Um Himmels willen!« hervorstieß.

Die Ausbildung eines Arztes ruft Reaktionen hervor, die beinahe Reflexe sind: Als Jay Allison sich bewußt wurde, daß vor ihm, halbnackt auf dem Boden ausgestreckt, jemand lag und stark blutete, gewann er zu einem gewissen Grad seine Vernunft zurück. Er schob die sich um die Verletzte drängenden Fremden zurück und sagte in seinem schlechten Darkovanisch: »Laßt sie in Ruhe; das geht nur mich etwas an.« Er kannte nicht genug Worte, um sie härter anzufahren, deshalb wechselte er in die terranische Sprache über und sagte zu Kendricks: »Schaffen Sie die Leute hier weg, Buck, damit sie genügend Luft bekommt. Wo ist meine Instrumententasche?« Er beugte sich über die Verletzte und stellte fest, daß sie noch sehr jung war.

Die Wunde sah nur auf den ersten Blick gefährlich aus. Welch scharfes Instrument sie auch immer hervorgerufen haben mochte, es war am Brustbein abgeprallt, ohne das Lungengewebe zu durchstoßen. An sich hätte er die Wunde nähen müssen, aber da Kendricks ihm lediglich einen mangelhaft ausgerüsteten Erste-Hilfe-Satz aushändigte, blieb Dr. Allison nichts anderes übrig, als sie mit einem Plastikverschluß, der weitere Blutungen verhindern würde, zu versiegeln und die Patientin sich selbst zu überlassen. Als er mit seiner Arbeit fertig war, begann das fremde Mädchen sich zu rühren und fragte unsicher: »Jason?«

»Dr. Allison«, korrigierte er sie kurz und bündig und spürte gleichzeitig eine leichte Überraschung. Daß sie seinen Namen kannte, war eine Überraschung, aber angesichts der allgemeinen Lage unwichtig. In der darkovanischen Sprache, die Jay nicht verstand, sprach Kendricks hastig auf das Mädchen ein, dann zog er Allison beiseite und brachte ihn außerhalb der Hörweite der anderen. Mit zittriger Stimme sagte er: »Jay, ich hatte keine Ahnung ... Ich hätte niemals geglaubt, daß Sie ... *Doktor* Allison sind. Guter Gott, Jason!«

Er machte eine rasche Bewegung auf ihn zu. »Was hat das zu bedeuten? Herrgott noch mal, Jay, Sie werden doch jetzt nicht ohnmächtig werden?«

Es war Jay völlig klar, daß er sich gewiß nicht sonderlich tapfer aufgeführt hatte, aber jeder, der ihm sein Verhalten verübelte – dachte er beleidigt –, sollte es ihm doch erst einmal nachmachen: sich in einem bequem eingerichteten Büro zum Schlaf niederlegen und auf einer Klippe am Rande des Nichts aufwachen. Seine Hand schmerzte; er sah, daß sie blutete, und bewegte vorsichtig die Finger, um herauszufinden, ob die Sehnen verletzt worden waren. Schließlich sagte er unwirsch: »Wie ist das passiert?«

»Sprechen Sie leiser, Sir – oder Darkovanisch!«

Jay blinzelte erneut. Kendricks war immer noch das einzige Bekannte in diesem fremden, schwindelerregenden Universum. Mit belegter Stimme sagte der Raumfahrer: »Bei Gott, Jay, ich hatte nicht die leiseste Ahnung. Und – wie lange kenne ich Sie jetzt? Acht – neun Jahre?«

Jay sagte: »Dieser Idiot Forth!« Er stieß einen Fluch aus, der zu einem Stubenhocker paßte.

Jemand rief mit befehlender Stimme »Jason!«, und Kendricks sagte nervös: »Jay, wenn die anderen Sie sehen – Sie sind im wahrsten Sinne des Wortes nicht mehr derselbe Mann!«

»Offenbar bin ich das wirklich nicht.« Jay warf einen Blick auf das Zelt. »Ist da jemand drin?«

»Noch nicht.« Kendricks schob ihn beinahe hinein. »Ich werde ihnen etwas erzählen, irgend etwas.« Er zog einen Leuchtkörper aus der Tasche, stellte ihn ab, starrte Allison über die Lichtstrahlen hinweg an und fluchte. »Kommen Sie . . . kommen Sie mit sich selbst zurecht?«

Jay nickte; zu mehr war er momentan nicht fähig. Er mußte all seine Kräfte aufwenden, um die Nerven zu behalten. Wenn er sie verlor, würde er Amok laufen. Es verging eine kurze Zeit, dann erklangen vor dem Zelt seltsame Geräusche; jemand hüstelte verlegen und trat ein.

Der Mann war unverkennbar ein darkovanischer Aristokrat, und obwohl Jay keine bewußte Erinnerung daran besaß, ihn schon einmal gesehen zu haben, kam er ihm bekannt vor. Er war hochgewachsen und schlank und besaß die perfekte und außergewöhnliche Schönheit, die man manchmal bei den Darkovanern antreffen konnte. Mit einer überraschenden Herzlichkeit sagte er zu Jay: »Ich habe den anderen gesagt, daß sie Sie im Moment nicht stören sollen, da Ihre Hand schlimmer verletzt ist, als wir angenommen haben. Die Hände eines Chirurgen sind wichtige Instrumente, Dr. Allison, und ich hoffe, daß Ihre nicht allzuviel abbekommen haben. Darf ich sie mir ansehen?«

Jay Allison zog die Hand automatisch zurück. Erst als ihm bewußt wurde, wie flegelhaft seine Geste wirken mußte, erlaubte er, daß der Fremde seine Hand nahm und die Finger untersuchte. »Es scheint nicht sehr schlimm zu sein«, sagte der Mann. »Ich habe die Verletzung für ernsthafter gehalten.« Er hob den Blick. »Sie erinnern sich nicht einmal mehr an meinen Namen, nicht wahr, Dr. Allison?«

»Sie wissen, wer ich bin?«

»Dr. Forth hat mich nicht eingeweiht. Aber wir Hasturs verfügen über telepathische Gaben, Jason . . . Entschuldigen Sie, ich meinte Dr. Allison. Ich habe vom ersten Augenblick an gewußt, daß Sie entweder von einem Gott oder von einem Dämon besessen waren.«

»Das ist abergläubischer Unfug«, schnappte Jay. »Und für einen Darkovaner typisch.«

»Es ist nichts weiter als eine umgangssprachliche Bezeichnung«, sagte der junge Hastur und ignorierte die Unhöflichkeit. »Ich glaube schon, daß ich Ihre Terminologie lernen könnte, wenn ich überzeugt davon wäre, es würde die Anstrengung lohnen. Ich habe eine Psi-Ausbildung genossen und kenne den

Unterschied, wenn die Hälfte einer Menschenseele von der anderen ausgeschaltet wird. Vielleicht könnte ich Sie wieder zu sich selbst zurückfinden lassen . . .«

»Wenn Sie glauben«, entgegnete Jay aufgebracht, »ich würde zulassen, daß irgendein darkovanischer Spinner mit meinem Bewußtsein herumspielt . . .« Er brach ab. Unter Regis' zwingendem Blick fühlte er sich von einer unbekannten Woge der Niedrigkeit überspült. Diese Männer brauchten einen Führer, der er, Jay Allison, offensichtlich nicht war. Er bedeckte die Augen mit einer Hand.

Regis beugte sich vor und legte verständnisvoll eine Hand auf Jays Schulter. Allison schüttelte sie ab, und als er seine Stimme endlich wiederfand, klang sie bitter, abwehrend und kalt.

»In Ordnung. Der Zweck heiligt die Mittel. Ich bringe es nicht fertig, Jason aber wohl. Sie haben parapsychische Fähigkeiten. Wenn Sie mich abschalten können, dann tun Sie es!«

Ich fuhr mir mit der Hand über die Stirn und starrte Regis an. »Was ist passiert?« fragte ich – und dann, in einem Aufwallen plötzlicher Erkenntnis: »Wo ist Kyla? Sie ist verletzt . . .«

»Es geht ihr gut«, sagte Regis. Dennoch stand ich sofort auf, um mich selbst davon zu überzeugen. Kyla war draußen. Man hatte sie in warme Decken eingepackt, und sie hatte sich gerade auf einen Ellbogen gestützt, um irgend etwas Heißes zu trinken. Der Geruch von Essen lag in der Luft. Ich musterte Regis eingehend und fragte: »Ich bin doch wohl nicht wegen dieses kleinen Kratzers umgekippt?« Ich warf einen sorglosen Blick auf die zerschundene Hand.

»Warten Sie . . .« Regis zog mich zurück. »Gehen Sie noch nicht hinaus. Erinnern Sie sich nicht mehr an das, was passierte, Dr. Allison?«

Ich starrte ihn mit wachsendem Entsetzen an. Meine schlimmsten Befürchtungen hatten sich bestätigt. Mit leiser Stimme sagte Regis: »Sie . . . hatten sich verändert. Möglicherweise lag es an dem Schock, mit ansehen zu müssen . . .« Er brach mitten im Satz ab, und ich sagte: »Das letzte, woran ich mich erinnere, ist, daß ich sah, wie Kyla blutete und wir ihr die Kleider öffneten. Aber – bei allen Göttern, ein paar Blutstropfen haben *mir* noch niemals Angst eingejagt, und Jay Allison ist ein Chirurg. Kann es sein, daß dieser Anblick *ihn* auf den Plan gebracht hat?«

»Das kann ich nicht beantworten.« Regis erweckte in mir den Eindruck, als wisse er mehr, als er zugeben könne. »Ich glaube nicht, daß Dr. Allison – der Ihnen übrigens nicht sonderlich ähnlich ist – sich allzu viele Gedanken um Kyla gemacht hat. Und Sie?«

»Das kann man wohl sagen. Ich möchte absolut sicher sein, daß es ihr gutgeht . . .« Ich hielt plötzlich inne. »Regis . . . Haben die anderen es alle mitbekommen?«

»Nur Kendricks und ich«, erwiderte er. »Aber wir werden nichts darüber verlauten lassen.«

Ich sagte »Danke« und schüttelte ihm die Hand. Ob er nun ein Halbgott oder ein Prinz war, ich *mochte* ihn.

Ich ging hinaus, ließ mir aus dem Kessel eine Mahlzeit reichen und hockte mich zum Essen zwischen Kyla und Kendricks nieder. Ich war aufgewühlt und fühlte mich ziemlich schwach. Außerdem war mir jetzt klar, daß wir hier nicht bleiben konnten. Der Platz bot zu gute Angriffsmöglichkeiten, und wir stellten in unserem gegenwärtigen Zustand die besten potentiellen Opfer dar. Wenn wir einen Gewaltmarsch ansetzten, um noch am gleichen Abend in die Nähe des Dämmerungs-Passes zu gelangen, konnten wir ihn am nächsten Morgen, und zwar in aller Frühe, bevor die Sonne den Schnee aufweichte, durchqueren. Jenseits des Passes lebten Stämme, deren Sprache ich verstand.

Als ich dies zur Sprache brachte, warf Kendricks einen zweifelnden Blick auf Kyla. »Kann sie in diesem Zustand klettern?«

»Sollen wir sie hier zurücklassen?« konterte ich, stand auf und ließ mich neben ihr nieder.

»Wie schlimm ist Ihre Verletzung? Glauben Sie, daß Sie weitergehen können?«

Aufgebracht erwiderte sie: »Natürlich kann ich klettern! Ich bin kein schwaches Mädchen, sondern eine Freie Amazone!« Sie fegte die Decke, die jemand über ihre Beine gelegt hatte, zur Seite. Ihre Lippen wirkten ein wenig verkniffen, aber als sie ans Feuer ging, um sich einen Essensnachschlag zu holen, war ihr Gang aufrecht.

Wir brauchten nur Minuten, um das Lager wieder abzubauen.

Die herumstreunenden weiblichen Waldläufer hatten nahezu alles Tragbare weggeschleppt. Wir sahen keinen Sinn darin, das Zelt abzubauen und zu verstecken, denn sie würden zurückkehren und es sowieso finden. Zudem würden wir es, wenn wir mit einer Waldläufer-Eskorte zurückkamen, ohnehin nicht mehr benötigen. Ich gab die Anweisung aus, von den leichtesten Ausrüstungsstücken mal abgesehen, alles dazulassen, und untersuchte jeden uns verbliebenen Rucksack. Wir hatten noch genug Nahrung, um eine Mahlzeit während der Nacht im Paß zu uns zu nehmen, ansonsten gerade noch ein paar Decken, Seile und Sonnenbrillen. Ich gab den Befehl, alles andere einfach liegenzulassen.

Der Weg wurde von nun an schwieriger. Die Sonne sank, und der Abendwind war eisig. Beinahe jeder von uns hatte irgendeine Verletzung, die ihn am Klettern hinderte. Kyla war zwar blaß und steif, schenkte sich jedoch nichts. Kendricks litt aufgrund der großen Höhe an Schwindelanfällen. Ich half ihm, so gut es eben ging, aber da meine Hand sich immer mehr versteifte und ich selbst auch nicht gerade völlig beieinander war, war das nicht viel.

Einmal hingen wir wie krabbelnde Käfer flach an einer Felswand und suchten nach Möglichkeiten, einen Halt für Hände und Füße zu finden. Für mich war es bisher Ehrensache gewesen, die Führung zu übernehmen, und so tat ich es; aber als wir die zehn Meter hohe Wand endlich hinter uns gebracht hatten und über einen Sims kletterten, von dem aus wir den Weg wieder aufnehmen konnten, hätte ich meine Position liebend gern abgegeben. Als wir alle auf dem Sims waren und uns versammelten, tauschte ich den Platz mit dem erfahrenen Lerrys, der sich als talentierter als mancher professionelle Bergsteiger entpuppt hatte.

»Mir war«, sagte er, »als hätten Sie von einem *Weg* gesprochen.«

Ich versuchte meine Lippen zu einem Grinsen zu verziehen, glaubte aber, daß mir dies nicht ganz gelang. »Für die Waldläufer ist es immer noch ein Super-Highway. Und sonst kommt niemand über diesen Weg.«

Wir bewegten uns jetzt langsam über den schneebedeckten Boden dahin; ein- oder zweimal mußten wir uns durch Verwehungen schlagen, und ein anderes Mal verwehrte uns ein zwanzigminütiger Schneesturm dermaßen die Sicht, daß uns nichts anderes übrigblieb, als uns an den Sims zu klammern und uns dem eisigen Wehen des Windes entgegenzustemmen.

Wir biwakierten in dieser Nacht in einer Felsspalte, die vom Schnee freigeweht worden war und ein Stück oberhalb der Baumgrenze lag, wo sich lediglich einige borstige, unverwüstliche Dornenbüsche halten konnten.

Einige davon rissen wir aus, stapelten sie als Windschutz auf und legten uns hinter ihnen zum Schlaf nieder; aber jeder von uns dachte mit schmerzlichem Bedauern an die bequemen Ausrüstungsgegenstände, die wir zurückgelassen hatten.

Jene Nacht ist in meiner Erinnerung die schlimmste, an die ich zurückdenken kann. Abgesehen von dem leichten Klingeln in meinen Ohren, machte die Höhe mir nichts aus, aber den anderen ging es nicht einmal annähernd so gut. Der größte Teil der Männer litt unter unsäglichen Kopfschmerzen, und was Kyla anbetraf, so schien die Wunde ebenfalls weit mehr zu schmerzen, als sie zugab. Kendricks' Bergkrankheit hatte sich zur höchstmöglichen Form entwickelt; er hatte starke Krämpfe und mußte sich übergeben. Obwohl die Schwierigkeiten der anderen mir recht nahegingen, gab es nichts, das ich hätte tun können; die einzigen Mittel gegen die Bergkrankheit wären Sauerstoff oder der Abstieg gewesen – aber keines von beiden war für uns praktikabel.

Als der Wind seinen Höhepunkt überschritt, schlossen wir uns zu Paaren zusammen und teilten sowohl die Decken als auch unsere Körperwärme miteinander. Bevor ich mich zu Kendricks legte, sah ich mich noch einmal in unserer Höhle um und sah, daß das Mädchen allein und etwas abseits von den anderen lag. Ich wollte etwas sagen, aber Kendricks kam mir zuvor.

»Du kriechst besser mit unter unsere Decke, Mädchen«, meinte er und fügte kühl, aber nicht unfreundlich hinzu: »Du brauchst dir keine Sorgen zu machen, daß uns irgendwelche komischen Anwandlungen überfallen.«

Kyla bedachte mich mit einem ansatzweisen Lächeln, und mir wurde plötzlich klar, daß sie mich auf der darkovanischen Seite eines Witzes sah, der sich gegen diesen großen Mann, der keinerlei Ahnung von der hiesigen Etikette hatte, richtete. Aber ihre Stimme war kühl und klar, als sie »Darüber mache ich mir keine

Sorgen« sagte und ihren schweren Umhang löste, bevor sie zwischen uns in unser Deckennest kroch.

Ich fühlte mich schmerzlich beengt und fror trotz der wärmeentwickelnden Überwürfe. Wir schmiegten uns eng aneinander, und Kylas Kopf ruhte auf meiner Schulter. Ich fühlte, wie sie im Halbschlaf, nach Wärme suchend, näher an mich heranrückte, und stellte bei mir fest, daß es mir gefiel und ihr Verhalten mich glücklich machte. Eine gewöhnliche Frau hätte das Angebot, die Decken mit zwei fremden Männern zu teilen, zurückgewiesen – und sei es auch nur, um die Formen zu wahren. Mir wurde klar, daß Kylas Geschlecht *viel* mehr an Aufmerksamkeit zuteil geworden wäre, hätte sie sich so verhalten, anstatt sachlich zu reagieren und zu handeln wie ein Mann.

Sie zitterte erbärmlich, und ich sagte: »Schmerzt Ihre Seite? Oder frieren Sie?«

»Ein bißchen. Es ist lange her, seit ich mich in Höhen wie diesen aufgehalten habe. Aber was mich wirklich bewegt – ich muß ständig an diese Frauen denken.«

Kendricks hustete und bewegte sich unruhig. »Ich verstehe nicht . . . Diese Geschöpfe, die uns angriffen . . . Waren das Frauen?«

Ich gab ihm eine kurze Erklärung. »Wie überall, werden auch bei den Leuten des Himmelsvolkes mehr weibliche als männliche Exemplare geboren. Aber das Leben der Waldläufer verläuft in dermaßen ausgeglichenen Bahnen, daß sie keinen Platz für überzählige Frauen in ihren Nestern – den Städten – haben. Wenn also ein Mädchen des Himmelsvolkes zur Frau wird, wird es von den anderen Frauen mit Tritten und Schlägen aus der Stadt vertrieben und muß sich im Wald einen Unterschlupf suchen, bis ein Mann ihr folgt, ein Angebot macht und sie zu sich nimmt. Von diesem Tag an kann sie zwar nie wieder fortgejagt werden, aber wenn sie keine Kinder gebärt, kann sie dazu gezwungen werden, den anderen Frauen des Mannes zu Diensten zu sein.«

Kendricks gab einen verächtlichen Ton von sich.

»Sie halten es für grausam«, sagte Kyla mit unerwarteter Leidenschaft, »aber sie können in den Wäldern leben und sich von ihnen ernähren, ohne verhungern und sterben zu müssen. Viele der Mädchen leben lieber in den Wäldern als in einem Nest und verjagen jeden Mann, der sich ihnen auch nur nähert. Wir, die wir uns Menschen nennen, haben für unsere überzähligen Frauen meistens weit weniger Vorsorgebereitschaft übrig.«

Sie schwieg und stöhnte wie unter Schmerzen. Von einem nichtssagenden Grunzen abgesehen, gab Kendricks keine Antwort. Um mich davon abzuhalten, Kyla zu streicheln, riß ich mich zusammen, dachte an das, was sie war, und sagte schließlich: »Wir sind jetzt besser still. Wenn wir schon nicht schlafen, sollen es wenigstens die anderen tun.«

Kurz darauf hörte ich Kendricks schnarchen und Kylas Atem regelmäßiger werden. Schläfrig fragte ich mich, welche Gefühle wohl Jay in dieser Situation bewegt haben würden, wenn er, der Darkover haßte und jeden Kontakt mit anderen menschlichen Wesen mied, sich plötzlich von einer darkovanischen Amazone und einer bunt zusammengewürfelten Gruppe von Rauhbeinen umgeben sah. Ich wischte den Gedanken beiseite, denn ich fürchtete mich davor, ihn auf diese Weise irgendwie wieder zum Leben zu erwecken.

Aber um die Tatsache zu verdrängen, daß der Kopf dieser Frau auf meiner Brust lag und ihr warmer Atem meinen nackten Hals streichelte, mußte ich an irgend etwas denken. Nur mit größter Willensanstrengung schaffte ich es, mich davon abzuhalten, meine Hand über ihre warmen, sich unter dem dünnen Pullover abzeichnenden Brüste zu legen. Ich stellte mir die Frage, wieso Forth mich undiszipliniert genannt hatte. Ich konnte es einfach nicht riskieren, meine Autorität als Bergführer dadurch zu untergraben, indem ich unserer vertraglich angeheuerten Führerin zu nahe rückte – mochte sie nun eine Amazone oder sonst jemand sein.

Irgendwie schien das Mädchen zum Angelpunkt meiner Gedanken zu werden. Sie gehörte weder zum Bereich des Terranischen Hauptquartiers, noch war sie sonst ein Teil jener Welt, die Jay Allison gekannt haben mochte. Sie gehörte ganz und gar zu Jason, zu *meiner* Welt. Zwischen Schlafen und Wachen verlor ich mich in einem Traum, in dem ich vogelgleich zwischen den Baumstraßen dahinflog und der fernen Gestalt eines Mädchens hinterhereilte, das man am gleichen Tag mit Schlägen und Flüchen aus dem Nest vertrieben hatte. Irgendwo im Blattwerk würde ich es finden, und wir würden zusammen in die Stadt zurückkehren, ihr Haar geschmückt mit der roten Blütenkette einer Auserwählten, und die gleichen Frauen, die sie mit Steinwürfen fortgetrieben hatten, würden sich versammeln und sie nach ihrer Rückkehr willkommen heißen. Die Frau, die vor mir dahinflog, sah sich mit Kylas Augen nach mir um; dann verwandelte sich ihre Gestalt, und Dr. Forth versperrte mir den Weg, und der Äskulapstab, der auf seinem Jackett abgebildet war, baute sich zwischen uns auf wie ein unüberwindliches Hindernis. Kendricks – angetan mit der Uniform der Raumflotte – bedrohte uns mit einem Laser, und Regis Hastur, der jetzt die gleiche Kleidung trug, sagte unentwegt »Jay Allison, Jay Allison«, während die Baumstraße unter unseren Füßen zersplitterte, wir einen Wasserfall hinunterfielen und stürzten, stürzten, stürzten . . .

»Aufwachen«, flüsterte Kyla und stieß mir einen Ellbogen in die Seite. Ich öffnete die Augen, starrte in die zusammengeballte Dunkelheit und schnappte unter dem Eindruck des sich verflüchtigenden Alptraums nach Luft. »Was ist passiert?«

»Sie haben gestöhnt. Hat Sie die Höhenkrankheit auch erwischt?«

Ich brummte etwas, stellte fest, daß mein Arm sich um ihre Schulter gelegt hatte, und zog ihn rasch zurück. Kurz darauf schlief ich wieder ein, diesmal ungestört.

Vor Sonnenaufgang krochen wir zerschlagen aus dem Biwak. Wir waren verkrampft, fühlten uns steif und nicht im mindesten ausgeruht, aber wir rissen uns dennoch zusammen und gingen weiter. Der Schnee war gefroren, und im herrschenden Zwielicht erwies sich der Weg als nicht allzu schwierig. Nach all den Schwierigkeiten auf den niedrigeren Rücken hatte ich den Eindruck, daß selbst die Amateure jeglichen Geschmack an vorgeblich abenteuerlichen Kletterpartien verloren; auf keinen Fall gab es einen Ton des Bedauerns darüber, daß die Durchquerung des Dämmerungs-Passes ohne den geringsten Höhepunkt verlief und zu keinerlei Zwischenfällen führte.

Als wir den Paß erreichten, war die Sonne gerade im Begriff aufzugehen, und wir blieben einen Moment stehen und sammelten uns in der Senke, die von den beiden Steilwänden überragt wurde.

Hjalmar musterte die Gipfel mit einem sehnsüchtigen Blick. »Ich wünschte, wir könnten sie bezwingen.«

Regis lächelte ihn kameradschaftlich an. »Irgendwann – und dazu hast du das Wort eines Hastur – wirst du zu der Expedition gehören, die diese Berge bezwingen wird.« Die Augen des riesigen Burschen leuchteten auf. Regis wandte sich zu mir um und sagte herzlich: »Was halten Sie davon, Jason? Wollen wir es ausmachen? Sollen wir es alle zusammen machen – im nächsten Jahr?«

Ich versuchte zurückzulächeln, aber plötzlich rührte sich in meinem Innern ein blaßdunkles Gespenst voll wilder Wut. Wenn unsere Mission beendet war, wurde mir plötzlich klar, würde es mich nicht mehr geben. Ich würde mich aufgelöst haben, denn ich war nichts anderes als ein Surrogat, ein Stellvertreter, eine Abspaltung Jay Allisons, die nach Beendigung ihres Auftrages von Forth und seinen Fähigkeiten wieder an jenen Platz versetzt werden würde, der seiner Meinung nach der richtige für mich war – ins Nirgendwo. Nie wieder würde sich mir die Gelegenheit bieten, einen Berg zu besteigen. Dieses Mal – wo wir gegen die Zeit und die Unumgänglichkeit anrannten – würde das einzige Mal bleiben. Ich preßte die Lippen aufeinander und sagte: »Lassen Sie uns darüber reden, wenn wir zurück sind – falls wir es schaffen. Ich schlage vor, daß wir jetzt weitergehen. Einige von uns würden es begrüßen, wenn sie bald in niedriger liegende Gegenden kämen.«

Im Gegensatz zu den bisherigen, oft nur schwer erkennbaren Wegen war der Pfad, der durch den Dämmerungs-Paß nach unten führte, leicht begehbar und gut markiert, und wir passierten ihn im Gänsemarsch. Als der Nebel dünner wurde und wir die Schneegrenze hinter uns ließen, sahen wir unter uns etwas, das wie ein riesiger grüner Teppich wirkte, der hier und da von leuchtenden Farbtupfern durchsetzt war. Ich deutete mit der Hand darauf.

»Die Baumwipfel des Nordwaldes. Die Farbflecke, die Sie von hier aus sehen, sind die Siedlungen der Waldläufer.«

Ein einstündiger Marsch brachte uns an den Rand des Waldes. Wir bewegten uns jetzt rascher vorwärts, vergaßen unsere Erschöpfung und dachten an nichts anderes mehr, als die Stadt vor Einbruch der Nacht zu erreichen. Im Inneren des Waldes war es still – beinahe unnatürlich still. Ich wußte, daß hoch über unseren Köpfen, zwischen den dicken Ästen, die das Sonnenlicht nahezu vollständig daran hinderten, den Boden zu berühren, in allen Richtungen Baumstraßen verliefen. Hin und wieder glaubte ich ein Rascheln, den Bruchteil eines Geräusches, eine Stimme oder einen Gesangsfetzen zu hören.

»Es ist ziemlich dunkel hier unten«, murmelte Rafe. »Wenn diejenigen, die hier leben, sich nicht in den Baumwipfeln aufhielten, würden sie zweifellos blind werden.«

Kendricks flüsterte mir zu: »Werden wir verfolgt? Ob sie von oben auf uns herabspringen?«

»Ich rechne nicht damit. Was Sie hören, sind ganz einfach die Bewohner dieser Stadt, die dort oben ihren täglichen Geschäften nachgehen.«

»Komische Geschäfte müssen das sein«, sagte Regis kopfschüttelnd, und als wir über den moosbedeckten, nadeligen Waldboden schritten, erzählte ich ihm ein wenig über das Leben der Waldläufer. Ich hatte meine Furcht inzwischen verloren. Wenn jetzt etwas auf uns zukam, konnte ich mich zumindest sprachlich verständigen. Ich konnte mich den Waldläufern gegenüber identifizieren, ihnen klarmachen, was unsere Ziele waren, und die Namen meiner Zieheltern nennen. Offenbar war ein kleines bißchen meines Selbstbewußtseins inzwischen auch auf die anderen übergegangen.

Als wir weiter und weiter in mir bekanntes Gelände vordrangen, blieb ich abrupt stehen und schlug mir mit der Hand gegen die Stirn.

»Ich wußte doch, daß wir etwas vergessen haben!« sagte ich kehlig. »Ich bin einfach zu lange fortgewesen, das ist alles. Kyla!«

»Was ist mit Kyla?«

Mit ausdrucksloser, nahezu monotoner Stimme erklärte das Mädchen selbst, was ich meinte. »Ich bin eine unabhängige Frau. Und solchen gestattet man nicht den Zutritt zu einem Nest.«

»Nichts leichter als das«, sagte Lerrys. »Dann gehört sie einfach zu irgendeinem von uns.« Und damit ließ er es bewenden. Mehr hätte niemand von ihm erwarten können, denn darkovanische Aristokraten pflegen ihre Frauen auf Reisen dieser Art nicht mitzunehmen, ganz abgesehen davon, daß sie solchen Mädchen wie Kyla nicht einmal ähnlich sind.

Die drei Brüder gerieten einander über die Frage, wer die vorgeschlagene Position einnehmen solle, beinahe in die Haare. Rafe machte einen beinahe unanständigen Vorschlag, woraufhin Kyla eine finstere Miene aufsetzte, die Lippen verlegen oder auch wütend aufeinanderpreßte und sagte: »Wenn Sie etwa glauben, daß ich auf Ihren Schutz angewiesen bin . . .«

»Kyla«, sagte ich geradeheraus, »steht unter *meinem* Schutz. Wir werden sie als meine Frau vorstellen – und sie auch dementsprechend behandeln.«

Rafe verzog den Mund zu einem zynischen Lächeln. »Der Führer reserviert mal wieder das Beste für sich.«

Mein Gesicht widerspiegelte in diesem Moment offenbar etwas, dessen ich mir nicht bewußt war, denn Rafe zog sich daraufhin plötzlich zurück. Ich mußte mich dazu zwingen, langsam zu sprechen. »Kyla ist eine Führerin und deshalb unersetzlich. Wenn mir etwas zustößt, ist sie die einzige, die euch zurückbringen kann, deswegen ist ihre Sicherheit meine ganz persönliche Angelegenheit. Ist das klar?«

Während wir den Weg weiterverfolgten, erstarb allmählich das schwachgrüne Licht. »Wir sind jetzt genau unterhalb der Waldläuferstadt«, sagte ich leise und deutete nach oben. Um uns herum erhoben sich die Hundert Stämme; astlose Säulen, deren Umfang derart groß war, daß vier Männer, die sich an den Händen hielten, sie nicht umspannen konnten. Sie erhoben sich an die hundert Meter hoch in den Himmel, und dort erst breiteten sich die Äste aus. Von unserem Standort aus zeigte sich nichts als absolute Schwärze.

Trotzdem war das Innere des Gehölzes nicht dunkel. Es wurde erleuchtet vom wundersam phosphoreszierenden Glanz der auf den Stämmen wachsenden Schwämme, die bizarre, ornamentreiche Formen angenommen hatten. In Käfigen aus transparentem Gewebe summten leise handtellergroße Leuchtinsekten vor sich hin. Während ich sie beobachtete, ließ sich ein bis auf eine Kopfbedeckung und einen schmalen Gürtel nackter Waldläufer von dem Stamm herab, ging von Käfig zu Käfig und fütterte die Leuchtinsekten mit kleinen Happen eines leuchtenden

Schwamms, die er einem über seinem Arm hängenden Korb entnahm.

Ich rief ihn in seiner Sprache an, und er ließ mit einem Ausruf den Korb fallen. Sein zartgebauter Körper vibrierte. Offenbar war er unschlüssig, ob er die Flucht ergreifen oder Alarm schlagen sollte.

»Ich gehöre zu diesem Nest«, rief ich ihm zu und nannte die Namen meiner Zieheltern. Er kam auf mich zu und ergriff mit seinen warmen, langen Fingern zur Begrüßung meinen Unterarm.

»Jason? Ja, ich habe von dir gehört«, sagte er mit einer freundlich zwitschernden Stimme. »Du bist hier zu Hause. Aber die anderen?« Er deutete nervös auf die ihm fremden Gesichter. »Es sind meine Freunde«, versicherte ich ihm. »Wir sind gekommen, um den Alten um ein Gespräch zu bitten. Wenn meine Eltern uns empfangen wollen, möchte ich die heutige Nacht gerne bei Ihnen verbringen.«

Der Waldläufer hob den Kopf, stieß einen leisen Ruf aus, und kurz darauf kletterte ein schlankes Kind den Stamm herab und übernahm den Korb. Der Waldläufer sagte: »Ich bin Carrho. Vielleicht wäre es besser, wenn ich dich zu deinen Eltern bringen würde, damit euch niemand aufhält.«

Ich holte beruhigt Luft. Zwar kannte ich Carrho nicht persönlich, aber er kam mir liebenswürdig und bekannt vor. Unter seiner Führung kletterten wir einer nach dem anderen die im Inneren des Baumstammes befindliche dunkle Treppe hinauf und erreichten durch einen hellen, quadratischen Ausgang eine Umgebung, die, überdacht von den höchsten Baumwipfeln, von einem hellgrünen Zwielicht erfüllt war. Ich fühlte mich gleichzeitig müde und zufrieden.

Kendricks setzte ängstlich einen Fuß auf den schwankenden Unterboden, der leicht unter ihm nachgab, und stieß in der Sprache, die zum Glück außer Rafe und mir kein anderer verstand, einen unbändigen Fluch nach dem anderen aus. Neugierige Waldläufer umsäumten die Baumstraße, äußerten zwitschernd ihre Überraschung und hießen uns willkommen.

Rafe und Kendricks unterdrückten sichtlich ihre Verachtung, als ich überschwenglich meine Zieheltern begrüßte. Die beiden waren bereits ziemlich alt, was mich ein wenig traurig machte. Ihr Fell hatte eine graue Färbung angenommen, ihre Greifzehen und Finger wiesen alle Anzeichen von rheumatischen Beschwerden auf, und ihre rötlichen Augen hatten an Glanz verloren. Sie hießen mich willkommen und sorgten dafür, daß die anderen aus meiner Gruppe in einem leerstehenden Haus in der Umgebung untergebracht wurden. Natürlich hatten sie darauf bestanden, daß ich unter ihrem Dach schlafen sollte, und Kyla mußte natürlich bei mir bleiben.

»Könnten wir nicht besser unser Lager unten auf dem Boden aufschlagen?« fragte Kendricks, der das unzulängliche Quartier mit einem unwilligen Blick begutachtete.

»Es würde unsere Gastgeber beleidigen«, sagte ich mit fester Stimme. Ich selbst konnte an ihrer Unterkunft nichts Störendes entdecken. Sie war mit einem Dach aus Baumrinde versehen und mit einem Moosteppich ausgelegt. Zudem war die Hütte verlassen, und wenn sie auch etwas abgestanden roch, war sie auf jeden Fall wasserdicht und erschien mir bequem genug.

Das erste was wir tun mußten, bestand darin, einen Boten zu dem Alten zu schicken und von ihm den Gefallen zu erbitten, uns zu empfangen. Nachdem dies von einem meiner Ziehbrüder übernommen worden war, setzten wir uns zu einer Mahlzeit nieder, die aus Knospen, Insekten und Vogeleiern bestand und mir, der ich noch an den Geschmack der Nahrung meiner Kindheit gewöhnt war, ausgezeichnet mundete. Von den anderen aß nur Kyla mit Appetit. Regis Hastur zeigte zumindest eine interessierte Neugier.

Nachdem den Anforderungen der Gastfreundschaft genüge getan war, fragten meine Zieheltern nach den Namen meiner Begleiter, und ich stellte sie nacheinander vor. Als ich den Namen Regis Hasturs aussprach, rief dies eine kurze Stille hervor, der ein Ausruf folgte, und freundlich, aber bestimmt wiesen meine Zieheltern darauf hin, daß ihr Heim nicht würdig sei, den Sohn eines Hastur zu beherbergen, und daß er auf der Stelle zum Königlichen Nest des Alten gebracht werden müsse.

Da es für Regis nicht einmal eine wohlwollende Möglichkeit des Protests gab, bereitete er sich darauf vor, den Boten zu begleiten, als dieser zurückkehrte. Bevor er jedoch ging, zog er mich beiseite.

»Ich bin nicht glücklich darüber, Sie und die anderen verlassen zu müssen . . .«

»Es wird Ihnen dort nichts geschehen.«

»Darüber sorge ich mich nicht, Dr. Allison.«

»Nennen Sie mich Jason«, korrigierte ich ihn aufgebracht. Mit plötzlich schmal werdenden Lippen sagte Regis: »Das ist es ja gerade. Wenn Sie morgen mit dem Alten sprechen und ihm von unserer Mission berichten, werden Sie Dr. Allison sein müssen – gleichzeitig aber auch jener Jason, den er kennt.«

»Und?«

»Ich wünschte, ich könnte hierbleiben. Ich wünschte, Sie würden mit den Männern zusammenbleiben, die Sie nur als Jason kennen, anstatt allein zu bleiben oder nur mit Kyla zusammenzubleiben.«

In seinem Gesicht war ein Ausdruck, den ich bisher noch nicht bemerkt hatte und der mich argwöhnisch machte. War es möglich, daß er – ein Hastur – eifersüchtig auf Kyla . . . oder auf *mich* war? Mir war niemals bewußt geworden, daß er sie vielleicht anziehend fand. Ich versuchte die Sache leicht zu nehmen.

»Kyla wird mich vielleicht ablenken.«

Ohne besonderen Nachdruck erwiderte er: »Und doch ist sie es gewesen, die Dr. Allison bereits einmal zum Vorschein brachte.« Er lachte überraschenderweise. »Vielleicht haben Sie aber auch recht, und Kyla schlägt Dr. Allison in die Flucht, wenn er sich zeigen sollte.«

6.

Die Kohlen des ersterbenden Feuers warfen seltsame Farbtupfer auf Kylas Gesicht, ihre Schultern und die krausen Wellen ihres dunklen Haars. Jetzt, da wir allein waren, fühlte ich mich verlegen.

»Können Sie nicht schlafen, Jason?«

Ich schüttelte den Kopf. »Sie sollten es aber versuchen, wenn Sie schon die Gelegenheit dazu haben.« Ich spürte, daß diese Nacht die schlimmste werden konnte, die mir bevorstand, und wagte nicht die Augen zu schließen, da ich die Befürchtung hegte, ich könnte mich in jenen Jay Allison verwandeln, den ich so sehr haßte. Einen Augenblick lang sah ich den Raum mit seinen Augen. Für ihn würde er weder gemütlich noch sauber aussehen, sondern – da er an die klinische Sterilität der gebohnerten Korridore des Terranischen Hauptquartiers gewöhnt war – schmutzig und unhygienisch wie der Bau eines x-beliebigen Tieres.

Kyla sagte nachdenklich: »Sie sind ein seltsamer Mann, Jason. Was für eine Position nehmen Sie in Ihrer Heimatwelt ein?«

Ich mußte lachen, aber in meinem Lachen lag keine Herzlichkeit. Ich mußte ihr plötzlich die ganze Wahrheit sagen.

»Kyla, der Mann, als den Sie mich kennengelernt haben, existiert überhaupt nicht. Man hat mich lediglich für diese spezielle Aufgabe ins Leben gerufen. Wenn sie erledigt ist, ist es aus mit mir.«

Mit weit aufgerissenen Augen sagte sie: »Ich habe gehört, daß die . . . die Terraner . . . und ihre Wissenschaftler . . . Menschen machen können, die . . . keine richtigen Menschen sind, sondern aus Metall . . . ohne Fleisch und Knochen . . .«

Bevor die Schrecken ihrer Phantasie überhandnahmen, streckte ich schnell meinen bandagierten Arm aus, ergriff ihre Finger mit den meinen und streichelte sie. »Fühlt sich das nach Metall an? Nein, Kyla, nein. Aber der Mann, den Sie als Jason kennen . . . der werde ich bald nicht mehr sein. Ich werde zu einem anderen werden, zu . . .« Wie konnte ich ihr eine gespaltene Persönlichkeit erklären, wenn ich nicht einmal selbst genau wußte, was es war?

Sie umfaßte zärtlich meine Hand und sagte: »Einmal sah ich . . . wie jemand anders mich . . . aus deinen Augen ansah. Ein Gespenst.«

Ich schüttelte wild den Kopf. »Für die Terraner bin *ich* das Gespenst!«

»Armes Gespenst«, flüsterte sie.

Ihr Mitleid tat mir weh. Ich wollte es nicht.

»Was man vergißt, kann man auch nicht bedauern. Vielleicht werde ich mich nicht einmal an dich erinnern.« Aber das entsprach nicht der Wahrheit. Ich wußte, daß ich – gesetzt den Fall, ich würde alles andere vergessen und alldem nicht nachtrauern, weil ich mich an nichts würde erinnern können – es niemals ertragen konnte, dieses Mädchen zu verlieren, daß mein Geist ruhelos bis in alle Ewigkeit herumwandern würde, wenn meine Erinnerung an Kyla tatsächlich schwand. Ich sah sie über das Feuer hinweg an. Sie saß mit gekreuzten Beinen da, und im Kohlebecken glomm es nur noch matt. Sie hatte ihre jegliche Geschlechtlichkeit vernebelnde Überkleidung abgelegt und trug nun eine Art enganliegendes Nachtgewand, das so einfach wie eine Kinderbluse und dabei ungeheuer reizvoll wirkte. Darunter konnte ich ein Stück der Bandage erkennen und eine beinahe vergessene Erinnerung, die mir nicht gehörte, sondern aus dem Untergrund meines Gehirns an die Oberfläche schwemmte; sie sagte mir, daß der Schnitt eine sichtbare Narbe hinterlassen würde, wenn niemand die Wunde nähte. *Sichtbar für wen?*

Kyla streckte lockend eine Hand aus. »Jason . . . Jason?«

Meine Selbstbeherrschung verließ mich. Ich hatte den Eindruck, klein und verloren in einer riesigen, widerhallenden Kammer zu stehen, die nichts anderes war als Jay Allisons Bewußtsein, und zu wissen, daß das Dach jeden Augenblick auf mich herunterfallen konnte. Kylas Umrisse lösten sich auf und entstanden neu, zunächst unendlich lieblich und lockend, aber dann – als würde ich sie durch das falsche Ende eines Fernglases sehen – war sie weit weg. Sie war zwar immer noch klar und deutlich zu erkennen, erschien mir aber so fern und uninteressant zu sein wie ein Insekt unter der Linse eines Mikroskops.

Ihre Hände legten sich auf meine Schultern. Ich machte eine tastende Bewegung, um sie abzuschütteln.

»Jason«, flehte sie mich an, »geh nicht auf diese Art von mir! Sprich mit mir, sag mir . . .«

Ihre Worte drangen wie durch eine große Leere in mein Bewußtsein. Ich wußte plötzlich, daß viel davon abhing, wie das morgige Treffen verlief und daß Jason der einzige war, der es zum guten Ende würde bringen können, nachdem die Terraner ihn durch die Hölle der Gefahren und Leiden geschickt hatten . . . Ach, ja . . . das Waldläuferfieber . . .

Jay Allison stieß die Hand des Mädchens beiseite, verzog das Gesicht zu einer finsteren und zornigen Grimasse, versuchte, seine Gedanken zu ordnen und sich auf das zu konzentrieren, was er sagen und tun mußte, um den Waldläufern klarzumachen, welche Pflicht sie gegenüber dem Rest des Planeten zu erfüllen hatten. Als ob sie – die nicht einmal Menschen waren – überhaupt ein Pflichtbewußtsein besäßen!

Eine ihm unverständliche Gefühlsaufwallung führte dazu, daß er den Wunsch verspürte, mit den anderen zusammenzusein. Mit Kendricks, zum Beispiel. Jay wußte plötzlich mit absoluter Genauigkeit, aus welchem Grund Forth ihm den großen, verläßlichen Mann von der Raumflotte zur Seite gestellt hatte. Und dieser gutaussehende, arrogante Darkovaner – wo steckte er? Jay maß das Mädchen mit einem verwirrten Blick; auf keinen Fall wollte er ihr eingestehen, daß er weder wußte, was er sagte noch was er tat – und so gut wie keine Erinnerungen mehr an das besaß, was Jason gerade im Begriff gewesen war zu tun.

Er wollte ihr gerade die Frage nach dem Aufenthaltsort Hasturs stellen, als ihm ein vorbeihuschender logischer Gedanke sagte, daß ein solch wichtiger Gast der Wahrscheinlichkeit nach beim Alten höchstpersönlich einquartiert worden war. Eine Welle der Verzweiflung überkam ihn, als ihm bewußt wurde, daß er nicht einmal die Sprache der Waldläufer sprach. Sie war ihm vollkommen entfallen.

»Sie . . .« Er suchte verzweifelt nach dem Namen des Mädchens. »Kyla – Sie sprechen die Sprache der Waldläufer auch nicht, oder?«

»Nur ein paar Worte, mehr nicht. Warum fragst du?« Sie hatte sich in eine Ecke des winzigen Raumes zurückgezogen, war aber dennoch nicht weit von ihm entfernt. Jay fragte sich, was sein verdammtes anderes Ich gerade im Begriff zu tun gewesen war. Jason war unberechenbar. Jay hob mit einem melancholischen Lächeln den Blick.

»Setzen Sie sich hin, mein Kind. Sie brauchen keine Angst zu haben.«

»Ich . . . Ich versuche zu verstehen, wie . . .« Das Mädchen berührte ihn erneut; anscheinend versuchte sie mit dieser Geste ihr eigenes Entsetzen zu vertreiben. »Es ist nicht leicht . . . mit anzusehen, wie du dich unter meinen Augen in einen anderen verwandelst . . .« Jay stellte fest, daß sie von echter Furcht geschüttelt wurde.

Müde erwiderte er: »Ich werde mich schon nicht in eine . . .

eine Fledermaus verwandeln und davonfliegen. Ich bin nichts anderes als ein armer Hund von einem Arzt, der seine prekäre Lage vor sich selbst zu verantworten hat.« Er sah keinen Grund, sein eigenes Elend und seine Verzweiflung damit abzureagieren, daß er dieses arme Kind anschrie. Gott allein mochte wissen, was sie alles mit seinem unberechenbaren anderen Ich durchgemacht hatte; Forth hatte ihm deutlich gesagt, daß die Persönlichkeit dieses »Jason« ein Ausbund all jener üblen Eigenschaften war, die er selbst sein ganzes Leben lang erfolgreich bekämpft hatte. Er mußte sich ziemlich zusammenreißen, um sich der auf seiner Schulter liegenden Hand nicht zu entziehen.

»Jason – du solltest auf diese Weise nicht fortgehen. *Denk nach!* Versuch dich *zusammenzureißen*!«

Jay verbarg das Gesicht in den Händen und versuchte ihren Worten nachzukommen. Sicherlich konnte sie aufgrund der herrschenden Lichtverhältnisse die Veränderungen seiner Gesichtszüge nicht erkennen und glaubte deshalb, immer noch mit Jason zu sprechen. Besonders intelligent schien sie demnach nicht zu sein.

»Denk an morgen, Jason. Was willst du dem Alten sagen? Denk an deine Eltern . . .«

Jay Allison fragte sich, wie sie sich wohl verhalten würden, wenn sie an Jasons Stelle einen Fremden vorfanden. Er kam sich selbst wie ein Fremder vor – und dennoch mußte er am heutigen Abend in dieses Haus gekommen sein und mit den Leuten gesprochen haben. Verzweifelt durchwühlte er sein Gedächtnis nach einigen Fetzen der Waldläufersprache. Als Kind hatte er sie beherrscht. Er mußte zumindest so viel wieder zusammenbekommen, um mit der Frau zu sprechen, die ihrem fremdartigen Pflegekind eine gute Mutter gewesen war. Er versuchte seine Lippen den unbekannten Klangbildern entsprechend zu formen . . .

Erneut bedeckte Jay das Gesicht mit den Händen. Jener Teil seines Ichs, der sich an die Sprache der Waldläufer erinnerte, war Jason. *Das* war es, woran er sich erinnern mußte: Jason war weder ein Fremder, der ihn bedrohte, noch ein andersgearteter Eindringling, der sich seines Körpers bemächtigt hatte. Er war ein Teil seines Ichs, den er im Moment verloren und doch so verdammt bitter nötig hatte. Wenn es nur einen Weg gegeben hätte,

Jasons Erinnerungen und Fähigkeiten zurückzuholen, ohne das *eigene* Ich aufgeben zu müssen . . . »Lassen Sie mich nachdenken«, sagte er zu dem Mädchen. »Lassen Sie mich . . .« Überrascht und entsetzt stellte er fest, daß seine Stimme in eine andere Sprache überkippte. »Stören Sie mich bitte nicht, ja?«

Vielleicht, dachte Jay, kann ich meine Identität bewahren, wenn ich mich auch an den Rest erinnere. Dr. Forth hatte behauptet, daß Jason sich an die Waldläufer mit freundlichen Gefühlen und nicht mit Ablehnung erinnern würde.

Jay durchstöberte seine Erinnerungen, fand aber abgesehen von den bekannten Frustrationsgefühlen nichts: Er hatte mehrere Jahre fernab vom Erbe der Menschheit in einer fremdartigen Landschaft zugebracht, gestrandet und preisgegeben.

Mein Vater hat mich verlassen. Er hat mit dem Flugzeug eine Bruchlandung gebaut. Ich habe ihn nie wiedergesehen, und ich hasse ihn, weil er mich alleingelassen hat . . .

Aber sein Vater hatte ihn nicht preisgegeben. Er hatte die Bruchlandung nur deshalb gebaut, weil er versuchen wollte, sie beide zu retten. Niemand hatte Schuld daran . . .

Ausgenommen mein Vater. Schon der Versuch, über die Hellers und ein Land hinwegzufliegen, in das Menschen nicht gehören . . .

Er hatte auch nicht dorthin gehört. Und doch hatten die Waldläufer, die in seinen Augen kaum mehr waren als herumstreunende Tiere, das fremdartige kleine Kind mit in ihre Stadt und ihr Heim genommen und in ihr Herz geschlossen. Sie hatten ihn geliebt. Aber er . . .

»Ich liebte sie auch«, hörte ich mich halblaut sagen und stellte fest, daß Kyla meinen Arm umfaßte und mich mit einem flehentlichen Blick ansah. Etwas benommen schüttelte ich den Kopf. »Was ist denn los?«

Mit zitternder Stimme erwiderte sie: »Du hast mich in Angst versetzt.« Sofort wußte ich, was geschehen war. Ein unbändiger Zorn auf Jay Allison stieg in mir hoch. Er gönnte mir nicht einmal das Quentchen Leben, das ich für mich erobert hatte, sondern mußte sich immer wieder in mein Bewußtsein drängen. Wie mußte er mich doch hassen! Aber ich haßte ihn sicher doppelt so stark. Ich verfluchte ihn. Und abgesehen von allem anderen hatte er auch noch Kyla beinahe zu Tode erschreckt!

Als ich sie so nahe vor mir knien sah, kam mir plötzlich der Einfall, auf welche Weise ich diesen kalten Fisch von einem Allison aus mir vertreiben und winselnd in die tiefsten Tiefen der Hölle zurückjagen konnte. Er war ein Mensch, der alles haßte – ausgenommen die kalte Welt, die er sich im Laufe seines Lebens zurechtgezimmert hatte. Kyla schaute zu mir auf. Ihr Gesicht erschien mir weich und schien gleichzeitig eine Bitte und Entschlossenheit auszudrücken. Ich streckte meine Arme nach ihr aus, zog sie an mich und küßte sie wild.

»Könnte dies ein Gespenst tun?« fragte ich. »Oder das?«

»Nein – oh, nein«, flüsterte sie und hob die Arme, um sie um meinen Hals zu legen. Als ich sie auf das süß duftende Moos zog, das dem Raum als Teppich diente, spürte ich, wie das dunkle Ebenbild Jay Allisons zerfloß, verwehte und sich auflöste.

Regis hatte recht gehabt. Es war die einzige Möglichkeit gewesen.

Der Waldläufer, den man den Alten nannte, war in Wirklichkeit überhaupt nicht alt. Sein Titel beruhte auf rein zeremoniellen Gründen. Er war sogar jung, nicht viel älter als ich, aber er besaß das sichere Auftreten, die Erhabenheit und den gleichen eigenartigen, undefinierbaren Charakter, der mir schon an Regis Hastur aufgefallen war. Sie strahlten etwas aus, das dem Terranischen Imperium meiner Meinung nach während seiner Ausbreitung von einem Stern zum anderen verlorengegangen ist: das Gefühl, seinen eigenen Platz im Universum zu kennen, und eine Würde, die keiner besonderen Betonung bedurfte, weil sie niemals in Frage gestellt worden war.

Wie alle Waldläufer hatte auch dieser ein fliehendes Kinn und läppchenlose Ohren, und sein stark behaarter Körper wirkte kaum weniger menschlich als die unserigen. Da die Waldläufer über ein ausgezeichnetes Gehör verfügen, sprach er sehr leise, und ich mußte mich einerseits anstrengen, ihn zu verstehen, und andererseits darauf achten, selbst nicht zu laut zu werden.

Er reichte mir seine Hand, und ich beugte den Kopf und murmelte: »Ich unterwerfe mich dir, Alter.«

»Das brauchst du nicht«, erwiderte er mit freundlich zwitschernder Stimme. »Nimm Platz, mein Sohn. Du bist willkommen bei uns, aber ich habe das Gefühl, als hättest du das Vertrauen, das wir in dich setzten, enttäuscht. Wir brachten dich zu deinen Leuten zurück, weil wir der Ansicht waren, es würde dich glücklicher machen, wieder unter deinesgleichen zu sein. Haben wir dir während all der Jahre so wenig Freundlichkeit entgegengebracht, daß du nun mit bewaffneten Männern zurückkehrst?«

Der fragende Blick seiner roten Augen war kein günstiges Vorzeichen für einen Anfang. Hilflos sagte ich: »Meine Begleiter sind nicht bewaffnet, Alter. Eine Gruppe derjenigen, die die Städte nicht betreten dürfen, überfiel uns, und wir mußten uns verteidigen. Ich bin nur deshalb mit so vielen Leuten gekommen, weil ich mich davor fürchtete, allein die Pässe zu durchqueren.«

»Aber erklärt das, warum du überhaupt zurückgekehrt bist?« Sein Vorwurf war verständlich.

»Wir sind als Bittsteller gekommen, Alter«, erwiderte ich schließlich. »Mein Volk appelliert an das deine in der Hoffnung, daß es sich . . .« Ich hatte *als so menschlich* sagen wollen, hielt jedoch inne und fuhr fort: » . . .uns gegenüber ebenso freundlich verhalten wird, wie es sich einst mir gegenüber zeigte.«

Sein Gesicht blieb undurchdringlich. »Was erbittet ihr?«

Ich erklärte es ihm. Ich setzte es ihm unbeholfen, stotternd und nach den richtigen Ausdrücken suchend auseinander und wußte gleichzeitig, daß es für die meisten der von mir benutzten Wörter in seiner Sprache keine Entsprechungen gab. Er hörte mir zu und stellte hin und wieder eine eindringliche Frage. Als ich das Angebot des terranischen Legaten, die Waldläufer fortan als eigenständige und unabhängige Nation anzuerkennen, erwähnte, runzelte er die Stirn und unterbrach mich.

»Das Himmelsvolk hat mit den Terranern nichts zu schaffen. Es ist ihm gleich, ob die Terraner es anerkennen oder nicht.«

Auf diese Feststellung fiel mir keine Antwort ein, und der Alte fuhr freundlich, aber unnachgiebig fort: »Es berührt uns allerdings, daß das Fieber, das für uns nur eine Kinderkrankheit ist, für viele von euch den Tod bedeutet. Aber ihr könnt uns – bei aller Ehrlichkeit – nicht dafür verantwortlich machen. Niemand kann behaupten, daß wir diejenigen sind, die die Krankheit verbreiten, denn man wird außerhalb des Gebirges nie einen der unseren antreffen. Können wir es dem Wind verübeln, wenn er sich dreht? Oder den Monden, wenn sie eine bestimmte Stellung einnehmen? Wenn die Stunde des Menschen gekommen ist, dann wird er sterben.« Er streckte einen Arm aus und zeigte damit an, daß wir uns entfernen durften. »Ich gebe dir und deinen Männern freies Geleit zum Fluß, Jason. Aber kehrt nie wieder zurück.«

Regis Hastur stand plötzlich auf und musterte ihn. »Wollt Ihr mich anhören, Vater?« Ohne zu zögern benutzte er den zeremoniellen Titel, und der Alte erwiderte betrübt: »Der Sohn eines Hastur hat es nicht nötig, mit dem Himmelsvolk zu sprechen, als sei er ein Untertan.«

»Ich bitte dennoch darum, als Untertan angehört zu werden, Vater«, entgegnete Regis leise. »Es sind nicht die andersgearteten Fremden von Terra, die hierhergekommen sind, um eine Bitte auszusprechen. Wir haben von ihnen etwas gelernt, das ihr noch nicht gelernt habt. Ich bin jung, und es steht mir nicht an, Euch zu belehren, aber Ihr habt gesagt: ›Können wir es den Monden verübeln, wenn sie eine bestimmte Stellung einnehmen?‹ Nein. Aber wir haben von den Terranern gelernt, daß wir unser eigenes Unverständnis, insofern es die rätselhaften Wege der Götter angeht, nicht den Monden zur Last legen dürfen. Und das bedeutet, wie ich meine, daß Krankheiten, Armut und Elend nicht von ihnen hervorgerufen werden.«

»Für einen Hastur sind das seltsame Worte«, erwiderte der Alte verstimmt.

»Dies sind auch seltsame Zeiten für einen Hastur«, entgegnete Regis laut. Der Alte stieß einen Laut des Unbehagens hervor. Regis senkte zwar seine Stimme, behielt den fordernden Tonfall jedoch bei. »Ihr gebt den Monden, die am Himmel stehen, die Schuld. *Ich* bin derjenige, der behauptet, daß weder sie noch die Winde oder die Götter für das Übel verantwortlich zu machen sind. Die Götter schicken uns das Übel lediglich, um die Findigkeit der Menschen zu prüfen; sie wollen herausfinden, ob sie mit dem Willen ausgestattet sind, diese Übel zu meistern!«

Der Alte runzelte die Stirn und sagte mit deutlichem Abscheu: »Das also ist der Erbe eines Geschlechts von Königen – jener Mann, den das Volk heute Hastur nennt?«

»Ob Mensch, Gott oder Hastur, ich bin nicht zu stolz, um für mein Volk zu bitten«, sagte Regis schlagfertig und wurde gleichzeitig rot vor Zorn. »Nie zuvor in der gesamten Geschichte Darkovers hat ein Hastur vor einem von euch gestanden und gebettelt . . .«

». . .für die Menschen einer anderen Welt.«

». . .für alle Menschen unserer Welt! Alter, ich könnte sicher im Haus der Hasturs sitzen, und der Tod würde erst dann nach mir greifen, wenn ich des Lebens müde geworden wäre! Aber ich habe es vorgezogen, mit neuen Menschen neue Lebensweisen zu erfahren. Die Terraner können sogar die Hasturs noch einige Dinge lehren, und eines davon könnte das Gegenmittel gegen das Waldläuferfieber sein.« Er sah sich nach mir um, als sei er bereit, das Gespräch von mir weiterführen zu lassen, und so sagte ich: »Ich bin kein Fremder von einer unbekannten Welt, Alter. Ich bin ein Sohn deines Hauses gewesen. Vielleicht bin ich geschickt worden, um euch zu lehren, wie man gegen sein Schicksal ankämpft. Es ist mir unvorstellbar, daß ihr dem Tod gleichgültig gegenübersteht.«

Plötzlich – und ohne recht zu wissen, was ich da tat – fand ich mich auf den Knien wieder und stellte fest, daß ich in das ruhige, ernste und unbewegte Gesicht des Nichtmenschen sah.

»Mein Vater«, sagte ich, »Euer Volk hat einen sterbenden Mann und ein sterbendes Kind aus einem brennenden Flugzeug gezogen. Angehörige ihrer eigenen Art hätten die beiden vielleicht ausgeplündert und dem Tod überlassen. Ihr aber habt das Kind gerettet, es aufgezogen und wie einen Sohn behandelt. Als er in ein bestimmtes Alter kam, glaubtet Ihr, seine Umgebung würde es unglücklich machen, und ein Dutzend Angehörige Eures Volkes haben ihr Leben riskiert, um das Kind zu den seinen zu bringen. Niemand kann mir einreden, daß Ihr und Euer Volk dem Tod von einer Million Menschen meines Volkes gleichgültig gegenübersteht, wenn allein das Leben eines einzigen Euer und der anderen Mitleid hervorrief!«

Einen Augenblick lang herrschte Stille. Schließlich sagte der Alte: »Gleichgültig . . . nein. Aber hilflos. Mein Volk stirbt, wenn es die Berge verläßt. Die Luft ist für sie zu dicht und die Nahrung ungesund. Das Licht blendet und foltert sie. Kann ich diejenigen, die mich Vater nennen, wegschicken, wo ich weiß, daß sie leiden und sterben werden?«

Eine meiner Erinnerungen, die ich längst verschüttet wähnte, kam wieder an die Oberfläche. Hastig sagte ich: »Vater, hört mir zu. In der Welt, in der ich jetzt lebe, nennt man mich einen weisen Mann. Ihr braucht mir nicht zu glauben, aber hört mir zu. Ich kenne Euer Volk, denn es ist auch das meine. Ich erinnere mich daran, daß damals, als ich ging, mehr als ein Dutzend Freunde meiner Eltern – trotz des Wissens um die tödlichen Gefahren, denen sie sich aussetzen würden – sich anboten, mich zu begleiten. Ich war damals noch ein Kind; mir wurde gar nicht bewußt, welches Opfer sie auf sich nehmen wollten. Aber ich bemerkte, wie sie litten, als wir die Höhen hinter uns ließen, und ich beschloß . . . ich beschloß . . .« – ich hatte Mühe, die richtigen Worte zu finden, und es erschien mir, als müßte ich sie durch eine Widerstand erzeugende Barrikade schieben – ». . . da andere dermaßen für mich gelitten hatten . . . mein ganzes Leben den Leiden anderer zu widmen. Vater, die Terraner nennen mich einen gelehrten Arzt und einen Heiler. Ich weiß, daß mein Volk, wenn es mit uns gehen und uns helfen will, bei den Terranern die Luft haben kann, die es zum Atmen braucht. Ebenso wird es gesunde Nahrung erhalten und vor dem hellen Licht geschützt werden. Ich bitte Euch nicht darum, jemanden den Befehl zu geben, mit uns zu kommen, Vater. Ich bitte Euch nur darum, Eueren Söhnen das zu erzählen, was ich Euch gerade erzählt habe. Wenn ich Euer Volk – das auch für immer das meinige sein wird – richtig kenne, werden Hunderte mir anbieten, uns zu begleiten. Und ich bitte Euch, zur Kenntnis zu nehmen, daß ich folgenden Eid ablege: Wenn auch nur einer Eurer Söhne stirbt, wird Euer Pflegekind dafür mit seinem eigenen Leben einstehen.«

Die Worte waren wie ein Sturzbach über meine Lippen gekommen. Sie stammten keinesfalls allein von mir, denn unzweifelhaft hatte irgendein unbewußter Reflex meines Geistes mir klargemacht, daß Jay Allison in der Lage war, ein solches Versprechen abzugeben. Zum erstenmal begann ich zu verstehen, welche Kraft, welches Schuldbewußtsein und welche Hingabe ihn dazu gebracht hatten, sich von mir zu entfernen. Ich kniete zu den

Füßen des Alten und schämte mich entsetzlich über das, was aus mir geworden war. Jay Allison war zehnmal mehr wert als ich. Gewissenlos, hatte Forth gesagt, ziellos und unausgeglichen. Welches Recht hatte ich, mich über mein nüchtern denkendes Alter ego zu erheben?

Endlich spürte ich, wie der Alte sanft meinen Kopf berührte.

»Steh auf, mein Sohn«, sagte er. »Ich will für mein Volk eine Antwort geben. Und vergib mir meine Zweifel und mein Zögern.«

Nachdem wir die Audienzkammer verlassen hatten, sprachen Regis und ich eine ganze Minute lang kein Wort; dann jedoch – beinahe reagierend wie ein Mann – wandten wir uns einander zu, und Regis sagte mit nüchterner Stimme: »Das haben Sie gut gemacht, Jason. Ich hatte schon nicht mehr daran geglaubt, daß wir ihn überzeugen würden.«

»Es waren Ihre Worte, die seine Ansichten änderten«, wehrte ich ab. Die nüchterne Stimmung, der ungewöhnliche Gefühlsaufschwung – all das wirkte noch auf mich ein; dennoch kam ich mir irgendwie aufgedreht vor. Verdammt noch mal, ich hatte es *geschafft!* Und *das* sollte mir Jay Allison erst einmal nachmachen.

Regis sah immer noch nachdenklich aus. »Er hätte abgelehnt, aber er hat Sie immer noch als einen der seinen angesehen. Und doch war das nicht alles . . . Es steckt noch etwas mehr dahinter . . .« Regis legte mit einer überraschend schnellen Bewegung einen Arm um meine Schultern und stieß hervor: »Ich glaube, daß die terranischen Mediziner Ihnen übel mitgespielt haben, Jason! Und selbst wenn sie auf diese Weise Millionen von Leben retten – es ist schwer, ihnen das zu vergeben!«

7.

Spät am nächsten Abend ließ der Alte uns noch einmal zu sich rufen und gab bekannt, daß sich hundert Männer dazu bereit erklärt hatten, mit uns zu kommen und als Blutspender und Versuchspersonen der Forschungsarbeiten gegen das Waldläuferfieber zu fungieren.

So schwierig die Reise über die Berge für uns auch gewesen war – der Rückweg fiel uns leicht. Unsere hundertköpfige Eskorte war nicht nur ein Garant gegen Angriffe, sondern brachte uns auch über die am leichtesten begehbaren Wege.

Erst als wir uns an den langen Abstieg durch das Vorgebirge machten, begannen die Waldläufer, denen die Bewegung auf dem Boden ebenso Schwierigkeiten machte wie der Verlust an Höhenluft, schwächer zu werden. Während wir an Kraft gewannen, bauten sie mehr und mehr ab, so daß unsere Reisegeschwindigkeit ständig langsamer wurde. Nicht einmal Kendricks konnte sich gegenüber den »stupiden Tieren« mehr abgestumpft zeigen, als wir den Punkt erreichten, an dem wir die Packpferde zurückgelassen hatten, und es war Rafe Scott, der zu mir kam und verzweifelt sagte: »Jason, diese armen Burschen werden es bis nach Carthon niemals schaffen. Lerrys und ich kennen dieses Land. Lassen Sie uns vorausgehen, damit wir keine Rücksicht zu nehmen brauchen, und in Carthon ein paar Transportmittel organisieren. Vielleicht können wir sogar einen Segler auftreiben, der sie von hier aus weiterbringen kann. Von Carthon aus können wir einen Funkspruch absenden, damit man im Hauptquartier alle nötigen Vorbereitungen trifft.«

Ich war überrascht und fühlte mich ein wenig schuldig, daß ich nicht selbst darauf gekommen war, und versuchte mein Unvermögen hinter einem brummigen »Ich dachte, Sie gäben einen Scheißdreck, um ›meine Freunde‹« zu verstecken.

Rafe erwiderte verbissen: »Ich glaube, ich habe mich danebenbenommen. Das Pflichtbewußtsein, mit dem sie diese ganzen Strapazen hinnehmen, hat mir gezeigt, daß sie ganz anders sind, als ich bisher dachte.«

Regis, der Rafes Vorhaben mit angehört hatte, unterbrach unser Gespräch leise und sagte: »Sie brauchen nicht vorauszugehen, Rafe. Ich kann eine Botschaft schneller absenden.«

Ich hatte völlig vergessen, daß er ein ausgebildeter Telepath war. »Es gibt natürlich räumliche und entfernungsbedingte Begrenzungen für solche Botschaften«, fügte Regis hinzu, »aber Darkover ist mit einem Netz von Relaisstationen überzogen, und in einer davon sitzt ein Mädchen, das hart am Rande der terranischen Zone lebt. Wenn Sie mir also sagen, was sie tun muß, um

Zutritt zum Hauptquartier zu erhalten . . .« Er wurde rot und erklärte: »Nach dem, was ich über die Terraner weiß, würde sie nicht viel Glück haben, die Botschaft zu übergeben, wenn sie einfach hinginge und behaupten würde, sie hätte eine telepathische Nachricht aufgefangen, oder?«

Ich mußte über die Vorstellung lachen. »Ich fürchte, Sie haben recht«, gab ich zu. »Erklären Sie ihr, sie solle zu Dr. Forth gehen und ihm sagen, daß sie eine Botschaft von Dr. Jason Allison überbrächte.«

Regis sah mich mit einem seltsamen Blick an. Zum erstenmal hatte ich in Hörweite der anderen meinen Namen ausgesprochen. Aber er nickte nur kommentarlos. Die nächsten beiden Stunden schien er etwas mehr beschäftigt zu sein als sonst, aber nach einer Weile kehrte er zu mir zurück und berichtete, daß die Botschaft durchgekommen war. Später überbrachte er mir eine Antwort. Die Luftbrücke sei eingerichtet, aber man würde nicht in Carthon auf uns warten, sondern in einem kleinen Dorf, das sich in der Nähe der Kadarin-Furt befand; dort, wo wir unsere Lastwagen zurückgelassen hatten.

Als wir an diesem Abend unser Lager aufschlugen, sah ich mich mit einem Dutzend von Problemen konfrontiert, die meine Aufmerksamkeit erforderten: wann und wo wir die Furt überqueren würden; der Beruhigung der ängstlichen Waldläufer, die es zwar über sich gebracht hatten, die heimischen Wälder zu verlassen, nun aber angesichts der Tatsache, die letzte Barriere – den Fluß – hinter sich bringen zu müssen, von Verzweiflung übermannt wurden; und alles, was in meiner Macht stand, zu tun, um denjenigen zu helfen, die sich krank fühlten. Nachdem ich alles getan hatte, saß ich vor dem niederbrennenden Feuer und starrte schwermütig und müde in die Flammen. Morgen würden wir den Fluß überqueren und ein paar Stunden später das terranische Hauptquartier erreichen. Und dann . . .

Und dann – würde nichts mehr sein. Ich würde mich verflüchtigen, aufhören zu existieren und im höchsten Fall noch als störender Geist in Jay Allisons Alpträumen vorhanden sein. Wenn er sich durch seine kalte, abgerundete Welt bewegte, würde ich nichts anderes mehr sein als ein erstorbener Windhauch, eine zerplatzte Luftblase, eine sich auflösende Wolke.

Das letzte Aufflackern des ersterbenden Feuers gab meinen Träumen Gestalt. Wieder einmal, wie in jener Nacht in der Waldläuferstadt, glitt Kyla durch den Feuerschein an meine Seite, und ich schaute sie an und wußte plötzlich, daß ich es nicht würde ertragen können. Ich zog sie an mich und flüsterte: »Oh, Kyla . . . Kyla, nicht einmal an dich werde ich mich erinnern können . . .«

Sie schob meine Hände zurück, kniete sich neben mich auf den Boden und sagte drängend: »Jason, hör zu. Wir sind Carthon jetzt ziemlich nahe. Den Rest des Weges können die anderen die Waldläufer führen. Warum willst du überhaupt ins Hauptquartier zurückgehen? Verlaß die anderen und kehre nie wieder zu ihnen zurück! Wir können . . .« Sie hielt inne, wurde feuerrot, und ich fühlte, wie sie von einer plötzlichen, starken Schüchternheit übermannt wurde. Schließlich sagte sie im Flüsterton: »Darkover ist eine große Welt, Jason; groß genug, daß wir uns auf ihr verstekken können. Ich kann mir nicht vorstellen, daß sie weit kämen, wenn sie nach uns suchten.«

Natürlich würden sie das nicht. Ich konnte Kendricks – natürlich nicht Regis, denn ein Telepath würde mich auf der Stelle durchschauen – erzählen, daß ich zusammen mit Kyla nach Carthon vorausgehen wollte. Wenn sie herausfanden, daß ich geflohen war, würden sie bereits zu sehr damit beschäftigt sein, die Waldläufer wohlbehalten zur terranischen Zone zu bringen, um sich noch damit aufhalten zu können, nach einem Entlaufenen Ausschau zu halten. Wie Kyla gesagt hatte, war der Planet groß. Und er war meine Welt. Ich würde in ihr nicht allein sein.

»Kyla, Kyla«, sagte ich hilflos, zog sie an mich und küßte sie. Sie schloß die Augen, und ich warf einen sehr langen Blick auf ihr Gesicht. Sie war sicherlich nicht schön – aber weiblich, tapfer und vereinigte alle anderen schönen Dinge in sich. Es war ein Abschiedsblick, den ich ihr zuwarf, und wenn sie es nicht wahrnahm, so wußte zumindest ich darum.

Kurz darauf löste sie sich aus meinem Griff. Ihre feine Stimme war plötzlich sanfter und eindringlicher als jemals zuvor. »Wir brechen besser auf, ehe die anderen erwachen.« Sie sah, daß ich mich nicht bewegte. »Jason . . .«

Ich konnte sie nicht ansehen. Das Gesicht hinter den Händen

verborgen, sagte ich: »Nein, Kyla. Ich . . . habe dem Alten versprochen, auf seine Leute achtzugeben.«

»*Du* wärst doch sowieso nicht *dort*, um nach ihnen zu sehen! Du würdest nicht mehr *derselbe* sein!«

Schwach erwiderte ich: »Ich werde mir selbst einen Brief schreiben, um mich zu erinnern. Jay Allison ist mit einem äußerst starken Pflichtbewußtsein ausgestattet. Er wird meine Pflichten gegenüber den Waldläufern erfüllen. Es wird ihm zwar keinen Spaß machen, aber er wird bis zum letzten Atemzug für sie sorgen. Er ist ein besserer Mensch als ich, Kyla. Es ist besser, wenn du mich vergißt. Ich habe niemals existiert.«

Aber damit war die Sache noch nicht ausgestanden. Nicht einmal annähernd. Sie flehte mich an, und ich weiß nicht einmal mehr, wie ich es fertigbrachte, ihr Flehen mit sturer Beharrlichkeit zu ignorieren. Aber schließlich lief sie weinend fort, und ich warf mich neben dem Feuer auf den Boden, verfluchte Forth und meine eigene Torheit – am meisten jedoch Jay Allison. Ich haßte mein anderes Ich mit flammender, würgender Wut.

Noch vor dem Morgengrauen zuckte ich neben dem erlöschenden Feuerschein zusammen, fühlte, daß Kylas Arme mich umfaßten und ihr Körper sich eng an den meinen preßte. Sie weinte und zitterte.

»Ich kann dich nicht überzeugen«, schluchzte sie, »und ebensowenig kann ich dich ändern . . . Ich würde es nicht einmal tun, wenn ich es könnte. Aber was ich kann . . . was ich kann, ist dich zu haben, solange du noch du bist.«

Ich riß sie an mich. Und in diesem Moment wurde meine Angst vor dem Morgen, mein Haß und meine Bitterkeit gegenüber den Männern, die mit meinem Leben gespielt hatten, von der Süße ihres Mundes, der warm und verlangend unter dem meinen lag, hinweggespült. Im Licht des ersterbenden Feuers, von Verzweiflung gepackt und wissend, daß ich vergessen würde, nahm ich sie.

Was auch immer ich am nächsten Tag sein würde – heute nacht gehörte ich ihr.

Und ich wußte plötzlich, welche Gefühle Männer verspüren, wenn sie angesichts des Todes lieben – und mein Schicksal war schlimmer als der Tod, denn ich würde weiterleben als gefühlloser Schatten, der durch kalte Tage und noch kältere Nächte wandelte. Wild, ungestüm und verzweifelt versuchten wir uns an das Leben zu klammern, das in ein paar Stunden für uns vorbei sein würde. Als ich im Schein der aufgehenden Sonne auf Kylas nasses Gesicht hinabsah, war meine Bitterkeit verschwunden.

Ich würde vielleicht für immer zu existieren aufhören und nur noch als Geist, den die Erinnerungen eines anderen Mannes hinwegspülten, bestehen bleiben – aber ich würde noch für diesen letzten Erinnerungsfunken ewig dankbar sein und noch in meiner Vorhölle zu schätzen wissen, daß es Menschen gab, die mich aus dem Nichts hatten hervortreten lassen, um das hier zu erfahren: die Tage der Kämpfe und der Liebe mit meinen Genossen, den rauhen Wind der Berge, der über mein Gesicht strich, und – als mein letztes Abenteuer – die warmen Lippen jener Frau in meinen Armen.

Ich hatte in der kurzen Zeitspanne meines Lebens mehr erlebt als Jay Allison in all seinen steril-sauberen Jahren noch erleben würde. Ich hatte mein Leben gelebt. Ich mißgönnte ihm das seine nun nicht länger.

Als wir am nächsten Nachmittag die ersten Ausläufer des kleinen Dorfes erreichten, wo man die Luftbrücke eingerichtet hatte, stellten wir fest, daß die armseligen Unterkünfte nahezu verlassen waren. Weder gingen Frauen in den Straßen spazieren, noch lungerten Männer an den Bordsteinkanten herum. Nicht ein einziges Kind spielte auf den staubigen Steinplatten.

Regis sagte betrübt: »Es hat schon angefangen.«

Er trat aus der Reihe und schritt auf den Eingang einer still daliegenden Hütte zu. Eine Minute später winkte er mir zu, und ich warf einen Blick hinein.

Ich wünschte, ich hätte es nicht getan. Den Anblick werde ich mein ganzes Leben nicht vergessen. Ein alter Mann, zwei junge Frauen und ein halbes Dutzend Kinder zwischen vier und fünfzehn Jahren lagen im Inneren. Der alte Mann, eines der Kinder und eine der jungen Frauen lagen sauber ausgerichtet auf dem Fußboden und regten sich nicht mehr. Sie waren in Leichentücher gehüllt, und ihre Gesichter waren nach darkovanischer Sitte mit grünen Zweigen bedeckt. Die andere junge Frau lag zusammengesunken neben der Feuerstelle, und ihr einfaches Kleid war über und über mit dem Schleim bedeckt, den sie im Tod erbrochen hatte. Die Kinder . . . Ich kann nicht einmal jetzt an sie denken, ohne Brechreiz zu verspüren. Eines, das noch sehr klein war, hatte sich, als die Frau zusammengebrochen war, auf ihren Armen befunden; es hatte sich ihrem Griff nur für einen kurzen Augenblick entwinden können. Die anderen befanden sich in einem unbeschreiblichen Zustand, und das Schlimmste daran war, daß eines von ihnen sich noch schwach bewegte, obwohl jede Hilfe zu spät kommen mußte. Regis wandte sich tastend von der Tür ab und lehnte sich gegen die Wand. Seine Schultern zitterten, aber nicht, wie ich zuerst annahm, vor Wut, sondern in unsäglichem Schmerz. Tränen liefen über seine Hände und fielen in den Staub, und als ich seinen Arm nahm, um ihn beiseite zu führen, taumelte er und fiel gegen mich.

Mit gebrochener, undeutlich krächzender Stimme sagte er: »Oh, ihr Götter! Jason . . . Diese Kinder, diese Kinder . . . Wenn Sie jemals daran zweifeln sollten, was Sie getan haben oder tun werden, denken Sie daran . . . Denken Sie daran, daß Sie eine ganze Welt vor dieser Krankheit gerettet haben; daß Sie etwas taten, das nicht einmal den Hasturs zu tun vergönnt war!«

Meine Kehle war wie zugeschnürt, und das lag nicht nur an der Verlegenheit, die ich empfand. »Warten Sie erst einmal ab, ob die Terraner überhaupt mit der Sache fertig werden – und gehen Sie von der Türschwelle weg. Ich bin immun, aber Sie sind es nicht, verdammt noch mal.« Dennoch mußte ich ihn mitziehen und von dem Haus wegführen wie ein Kind. Er hob den Kopf, sah mir ins Gesicht und sagte mit brennender Bestimmtheit: »Ich fragte mich, ob Ihnen klar ist, daß ich mein Leben ein dutzendmal für das, was Sie für uns getan haben, hergegeben hätte.«

Seine Worte stellten ein ungewöhnlich ernstgemeintes Lob dar, erzeugten in mir aber nur einen schwachen Stolz. Und dann, als wir in das Dorf selbst vordrangen, vergaß ich das, was wir gesehen hatten – oder versuchte es zumindest, denn ich mußte die ängstlichen Waldläufer beruhigen, die nie zuvor eine zu ebener Erde erbaute Stadt gesehen hatten und ebensowenig Flugzeuge kannten. Kyla ging ich aus dem Wege. Ich wollte weder letzte Worte noch ein Lebewohl. Wir hatten uns bereits voneinander verabschiedet.

Was die Vorbereitung der Unterbringung der Waldläufer anbetraf, so hatte Forth großartige Arbeit geleistet. Nachdem man sie mit allem Nötigen versorgt und sie beruhigt hatte, ging ich mit zitternden Knien hinunter und stieg in Jay Allisons Kleider. Ich warf einen Blick aus dem Fenster, sah die fernen Berge und las eine Zeile aus dem alpinistischen Fachbuch, das ich mir als junger Bursche auf einer fremden Welt gekauft hatte und das als Fragment einer verwehten Persönlichkeit in Jay Allisons Besitz geblieben war. Es brachte mich mit mir selbst in Konflikt:

Geh und suche das Verborgene,
das du hinter den Bergen verloren hast . . .

Ich hatte gerade erst zu leben angefangen. Sicher verdiente ich ein besseres Schicksal als das, in jenem Augenblick, in dem ich zu leben begonnen hatte, wieder unterzutauchen. Verdiente ein Mensch, der vom Leben so gut wie gar nichts wußte, das Leben überhaupt? Warum sollte ich mich in Jay Allison – dieser kalten Persönlichkeit, die nie danach fragte, was hinter dem nächsten Horizont lag – verlieren?

Hinter den Bergen hatte ich etwas verloren – nichts würde in meinem Ich verlorengehen. Ich fing an, das übertriebene Pflichtbewußtsein zu verfluchen, das mich dazu getrieben hatte, hierher zurückzukehren. Jetzt, da es zu spät war, fühlte ich ein großes Bedauern. Kyla hatte mir das Leben angeboten. Ich zweifelte nicht daran, daß ich sie nie wiedersehen würde.

Aber konnte ich etwas bedauern, an das ich mich nicht erinnern würde? Ich ging zu Forths Büro wie zu meiner eigenen Beerdigung. Es *war* meine eigene Beerdigung . . .

Forth begrüßte mich herzlich.

»Nehmen Sie Platz und erzählen Sie mir, wie es war«, sagte er. Wenn es nach mir gegangen wäre, hätte ich es bevorzugt, kein Wort zu sprechen. Statt dessen jedoch lieferte ich ihm einen umfassenden Bericht, der hin und wieder seltsame Bilder aus meinem Unterbewußtsein nach oben spülte. Als ich herausfand, daß ich auf nichts anderes als auf eine posthypnotische Suggestion reagierte und im Begriff war, erneut einer Hypnose unterzogen zu werden, war es bereits zu spät, und alles was zu denken mir übrigblieb, war, daß dies schlimmer war als der Tod – es war ein Sterben bei lebendigem Leibe.

Jay Allison setzte sich aufrecht hin und richtete sorgfältig seine Krawatte, bevor er seinen Mund zu einer Grimasse verzog, die ein Lächeln darstellen sollte. »Ich nehme an, daß das Experiment erfolgreich war?«

»Ein voller Erfolg.« Forths Stimme klang ein wenig barsch und widerwillig, aber das berührte Jay nicht. Er hatte sich seit Jahren daran gewöhnt, daß die meisten seiner Untergebenen und Vorgesetzten ihn nicht mochten. Er hatte sich schon lange damit abgefunden.

»Die Waldläufer haben ihr Einverständnis erklärt?«

»Das haben sie«, sagte Forth überrascht. »Sie erinnern sich an überhaupt nichts?«

»Nur an Bruchstücke. Wie nach einem Alptraum.« Jay Allison warf einen Blick auf die Rückseite seiner Hand, bewegte vorsichtig die Finger und berührte die teilweise bereits verheilten Wunden. Forth folgte der Richtung seines Blickes und sagte tröstend: »Machen Sie sich keine Sorgen wegen Ihrer Hand. Ich habe sie mir genau angesehen. Es wird nichts von der Verletzung zurückbleiben.«

Jay erwiderte unbewegt: »Es sieht mir ganz so aus, als wäre ich ein ziemlich großes Risiko eingegangen. Ist Ihnen überhaupt je bewußt geworden, was es für mich bedeutet hätte, die Beweglichkeit meiner Hand zu verlieren?«

»Es wäre den Preis wert gewesen«, sagte Forth trocken, »selbst wenn es sich so ergeben hätte. Jay, ich habe die gesamte Geschichte, wie Sie sie mir erzählt haben, auf Band gespeichert. Vielleicht gefällt Ihnen der Gedanke nicht, einige leere Stellen in Ihrer Erinnerung zu haben. Wollen Sie hören, wie Ihr Alter ego die Sache durchführte?«

Jay zögerte. Dann streckte er die Beine aus und stand auf. »Nein, ich glaube nicht, daß es mich interessieren würde.« Ein schmerzender Muskel ließ ihn verharren. Er blieb stehen und wartete mit finsterem Gesicht.

Was war geschehen? Warum verschaffte ihm ein derart geringfügiger Schmerz größere Pein als ein zerrissener Nerv? Forth beobachtete ihn, und Jay fragte irritiert: »Was ist?«

»Sie sind wirklich kalt wie ein Fisch, Jay.«

»Ich verstehe nicht, Sir.«

»Das können Sie auch nicht«, murmelte Forth. »Ich *mochte* Ihre unterdrückte Persönlichkeit komischerweise.«

Jays Mund verzog sich zu einem geringschätzigen Grinsen.

»Sie vielleicht«, sagte er und wandte sich schnell um. »Kommen Sie jetzt. Wenn ich an der Serumerzeugung mitarbeiten soll, würde ich jetzt gern die Freiwilligen untersuchen, die gekommen sind, um Blut zu spenden, und mir die Papiere dieses Dr. Sowieso ansehen.«

Aber die jenseits der Fenster liegenden Gipfel der Berge fingen unerklärlicherweise seinen Blick ein und hielten ihn fest.

»Lächerlich«, sagte Jay Allison und kehrte an die Arbeit zurück.

8.

Vier Monate später standen Jay Allison und Randall Forth nebeneinander und schauten dem letzten der sich entfernenden Flugzeuge zu, die die Freiwilligen nach Carthon zurückbrachten, von wo aus sie sich wieder in die Berge begeben würden.

»Ich hätte mit ihnen nach Carthon fliegen sollen«, sagte Jay nachdenklich. Forth registrierte, daß der hochgewachsene Mann die Berge anstarrte, und fragte sich, was hinter seinen undurchsichtigen Gesten und seiner Versunkenheit stecken mochte.

»Sie haben genug getan, Jay«, sagte er dann. »Sie haben wirklich geschuftet wie ein Pferd. Legat Thurmond hat mir mitteilen lassen, daß Sie eine offizielle Belobigung erhalten und außerdem befördert werden sollen. Und damit ist das, was Sie in der Waldläuferstadt alles zuwege brachten, nicht einmal abgedeckt.« Er legte die Hand auf die Schulter seines Kollegen, aber Jay schüttelte sie unkonzentriert ab.

Während der ganzen Zeit der Serumsentwicklung hatte Jay unermüdlich und ohne sich Freizeit zu gönnen gearbeitet. Er hatte kaum geschlafen, unentwegt vor sich hingebrütet und den sich in ihm ansammelnden Auswirkungen des Stresses hin und wieder dadurch Luft gemacht, daß er sich Wutausbrüche gestattete, nach denen er anschließend wieder gewissenhaft weiterarbeiten konnte. Er hatte die Waldläufer mit nahezu väterlicher Hingabe behandelt – aber stets aus der Ferne. Er hatte alles getan, was getan werden konnte, um zu garantieren, daß sie sich wohl fühlten, war ihnen aber so lange aus dem Weg gegangen, wie es die Forschungsarbeit erlaubte.

Wir haben ein gefährliches Spiel gespielt, dachte Forth. Jay Allison hat sich ein eigenes Leben aufgebaut, aber wir haben sein inneres Gleichgewicht zerstört. Haben wir ihn damit zum Untergang verurteilt? Natürlich ist er zu ersetzen, aber – verdammt, er wäre ein Verlust für uns! »Warum«, fragte er, »sind Sie nicht mit ihnen nach Carthon geflogen? Kendricks ist mitgeflogen, wie Sie wissen. Er hat bis zur letzten Minute mit Ihnen gerechnet.«

Jay gab keine Antwort. Er war Kendricks aus dem Weg gegangen, denn er war der einzige Zeuge seiner Dualität gewesen. Während der alptraumhaften Grübeleien über sein anderes Ich war der Rückzug vor denjenigen, die ihn als Jason kennengelernt hatten, allmählich zu einer Manie geworden. Einmal, als er in den unteren Stockwerken des Hauptquartiers auf Rafe Scott gestoßen war, hatte er sich in panischer Angst abgewandt und war wie ein Wahnsinniger durch Säle und Korridore gestürmt, nur um zu vermeiden, dem Mann von Angesicht zu Angesicht gegenüberstehen zu müssen.

Schließlich war er sogar vier Treppen hinaufgelaufen und hatte sich mit klopfendem Herzen und hämmernden Schläfen – wie ein Tier, das von Jägern verfolgt wurde – in seinem Zimmer verkrochen.

Als sie sich in Forths Büro befanden, sagte Jay: »Wenn Sie mich eingeladen haben, um mir zu sagen, daß Sie meine Weigerung mißbilligen, noch einmal in die Hellers zu gehen, dann . . .«

»Aber nein«, erwiderte Forth abwehrend, »ich erwarte einen Besucher. Regis Hastur hat mir die Nachricht überbringen lassen, daß er Sie sehen will. Falls Sie sich nicht an ihn erinnern sollten – er hat am *Projekt Jason* teilgenommen . . .«

»Ich erinner mich«, sagte Jay dumpf, denn dieses Wissen war nahezu seine einzige klare Erinnerung: das unerwartete, alptraumähnliche Erwachen am Rande des Abgrunds, der nackte

Körper der darkovanischen Frau, seine verletzte Hand – und über allem das viel zu gut aussehende Gesicht des einheimischen Aristokraten, der ihn dazu verdammt hatte, wieder zu Jason zu werden. »Er ist ein besserer Psychiater als Sie, Forth. Er hat mich im Bruchteil einer Sekunde in Jason zurückverwandelt, während Sie dazu ein halbes Dutzend Sitzungen ansetzen mußten.«

»Ich habe von den Psi-Kräften der Hasturs gehört«, sagte Forth, »aber ich hatte nie das Glück, einen von ihnen persönlich zu treffen. Erzählen Sie mir von ihm. Was ist er für ein Charakter? Was hat er gemacht?«

Jay machte den Anflug einer Geste, die zu diszipliniert wirkte, um als ratloses Schulterzucken gelten zu können. »Fragen Sie ihn doch selbst. Schauen Sie, Forth, ich bin wirklich nicht darauf aus, ihn noch einmal wiederzusehen. Ich habe das alles nicht für Darkover getan, sondern deshalb, weil es den Pflichten meines Berufs entsprach. Ich würde die ganze Angelegenheit am liebsten so schnell wie möglich vergessen. Warum reden Sie nicht allein mit ihm?«

»Ich habe den Eindruck, daß er nur herkommt, weil er Sie persönlich treffen will. Jay, verdammt noch mal, Sie haben eine bemerkenswerte Arbeit geleistet! Warum sind Sie nicht ein wenig stolz auf sich, Mann? Seien Sie doch – nur einmal – ein normaler Mensch! Ich würde vor Freude an die Decke gehen, wenn einer der Hasturs darauf bestünde, mir persönlich zu gratulieren!«

Jays Lippen verzogen sich, als er mit kontrolliertem Ärger hervorstieß: »Sie vielleicht. Ich sehe die Sache aber anders.«

»Nun, ich befürchte, es wird Ihnen nichts anderes übrigbleiben. Auf Darkover weist man Bitten dieser Art nicht zurück – und schon gar nicht, wenn eine solche Bitte so begründet ist wie diese.« Forth nahm hinter seinem Schreibtisch Platz. Jay schlug mit einer solch geballten Kraft auf die Tischplatte, daß eine seiner Knöchelwunden wieder aufplatzte und zu bluten anfing. Eine Minute später ging er auf das Sofa zu und setzte sich umständlich und steif hin. Er sagte nichts. Erst als der Summer ertönte, zog Forth ein Mikrofon zu sich heran und sagte: »Sagen Sie ihm, daß wir uns geehrt fühlen – Sie kennen ja die üblichen Routinesprüche – und schicken Sie ihn dann zu uns herauf.«

Jay faltete die Hände und fuhr mit dem Daumen der einen über die frischverheilte Narbe der anderen. Forth, dem nun bewußt wurde, daß sich das Schweigen zwischen ihnen einem Höhepunkt näherte, wollte gerade etwas sagen, aber in diesem Moment öffnete sich die auf einer Schiene zur Seite gleitende Bürotür ohne den geringsten Laut, und Regis Hastur trat ein.

Forth erhob sich höflich, aber Jay stand auf wie eine an Fäden hängende Marionette. Der junge darkovanische Herrscher bedachte ihn mit einem gewinnenden Lächeln.

»Machen Sie keine Umstände, dieser Besuch hat keinen offiziellen Charakter; deshalb bin ich auch hierhergekommen, anstatt Sie zu uns in den Turm einzuladen. Dr. Forth? Es ist mir eine Ehre, Sie wiederzusehen, Sir. Ich hoffe, daß die Dankbarkeit, die wir Ihnen gegenüber empfinden, sehr bald sichtbare Formen annimmt. Seit Sie das Serum verfügbar gemacht haben, hat das Waldläuferfieber keinen einzigen Toten mehr gefordert.«

Bewegungslos saß Jay da und sah verbittert mit an, wie der alte Mann dem unwiderstehlichen Charme des jüngeren erlag. Das dickliche und von Falten durchsetzte Gesicht Forths hellte sich sichtlich auf, als er erfreut lächelnd erwiderte: »Die Geschenke, die wir den Waldläufern in Ihrem Namen überreichten, Lord Hastur, waren höchst willkommen.«

»Glauben Sie, auch nur einer von uns würde jemals vergessen, was sie für uns getan haben?« sagte Regis. Er drehte sich zur Fensterseite um und lächelte ein wenig verlegen den Mann an, der seit dem ersten Anzeichen seiner Freundlichkeit bewegungslos dagestanden hatte.

»Erinnern Sie sich überhaupt an mich, Dr. Allison?«

»Ich erinnere mich an Sie«, sagte Jay Allison düster. Seine Stimme klang dröhnend und tat seinen eigenen Ohren weh. All das, worüber er in seinen alptraumgleichen, schlaflosen Nächten nachgedacht hatte, der ganze aufgestaute Haß auf Darkover und die Erinnerungen, die er in seinem Innern zu begraben versucht hatte, brachen plötzlich aus ihm hervor und konzentrierten sich in überreizter Bitterkeit auf diesen ihm zu einnehmend erscheinenden jungen Mann, der auf seiner Welt ein Halbgott war und ihn verdrängt hatte, damit er Platz schaffte für den verhaßten Jason. Regis wurde für Jay zum Symbol einer Welt, die ihm Übles wollte und ihn zwang, ein falsches Vorbild abzugeben.

Ein schwarzer, ätzender Wind schien durch den Raum zu wehen. Jay Allison sagte mit heiserer Stimme: »Ich erinnere mich nur zu gut an Sie.« Und dann tat er einen brutalen, schmerzenden Schritt.

Die Gewalt des unerwarteten Schlages wirbelte Regis herum, und im nächsten Augenblick legte Jay Allison, der, außer um zu helfen, noch nie ein anderes menschliches Wesen angefaßt hatte, mit stählernem Griff und mörderischen Absichten seine Hände um den Hals des Darkovaners. Die Welt um ihn herum versank in einem scharlachroten Schleier. Ein Schrei ertönte, dann hörte er laute Geräusche. Und schließlich wurde sein Kopf von einer heißroten Explosion erschüttert . . .

»Sie sollten das besser trinken«, sagte Forth, und ich stellte fest, daß ich einen Pappbecher zwischen den Fingern hielt. Als ich ihn an die Lippen setzte und daran nippte, setzte Forth sich zitternd hin. Regis nahm die Hand von seiner Kehle und sagte heiser: »Ich könnte auch einen Drink brauchen, Doktor.«

Ich ließ den Whisky sinken. »Bevor sich Ihre Halsmuskeln nicht erholt haben, sollten Sie lieber mit einem Schluck Wasser vorliebnehmen«, sagte ich rasch und stand auf, um einen Wegwerfbecher für ihn zu füllen. Als ich ihm diesen reichte, hielt ich in plötzlicher Verwirrung inne und sah, daß meine Hand zitterte. Einige Tropfen des Wassers spritzten zu Boden. Ich schluckte und sagte heiser: » . . .Trinken Sie's nur.«

Regis trank ein paar Tropfen, verzog schmerzhaft das Gesicht und sagte: »Es war meine eigene Schuld. In dem Moment, als ich Jay Allison sah, wußte ich, daß er nicht bei Sinnen war. Wenn er nicht einen Überraschungsangriff gestartet hätte, wäre ihm das nicht gelungen.«

»Aber . . . Sie sagen *er* . . . Ich bin doch Jay Allison«, erwiderte ich. Meine Knie wurden weich, und ich mußte mich hinsetzen. »Was, zum Teufel, ist passiert? Ich bin *nicht* Jay . . . aber auch nicht Jason . . .«

Ich konnte mich an mein ganzes Leben erinnern, aber der Brennpunkt war verschoben. Ich fühlte immer noch die alte, nostalgische Liebe für die Waldläufer; aber gleichzeitig wußte ich mit absoluter Sicherheit, daß ich Dr. Jason Allison junior war, der das Bergsteigen aufgegeben hatte und Spezialist für darkovanische Parasitologie geworden war. Ich war weder Jay, der diesen Planeten ablehnte, noch war ich Jason, der von ihm abgelehnt worden war. Aber wer war ich dann?

Regis sagte leise: »Ich habe Sie schon einmal gesehen – als Sie vor dem Alten Waldläufer niederknieten.« Und mit einem kauzigen Lächeln fügte er hinzu: »Als der unwissende und abergläubische Darkovaner, der ich nun einmal bin, würde ich sagen, daß Sie ein Mann waren, der zum Spielball zwischen den Göttern und den Dämonen wurde.«

Ich sah den jungen Hastur hilflos an. Noch vor ein paar Sekunden hatten sich meine Hände um seinen Hals gelegt. Jay oder Jason, von Selbsthaß und Mißgunst verblendet, hätten für diese Wahnsinnstat jeweils dem anderen die Schuld in die Schuhe schieben können.

Ich konnte es nicht.

»Wir könnten den Weg des geringsten Widerstandes gehen und uns darauf einigen, einander nie wiederzusehen«, sagte Regis. »Wir könnten aber auch den schwierigsten wählen.« Er streckte die Hand aus, und nach einer Weile verstand ich. Ich ergriff sie, und wir begrüßten uns mit einem Händedruck wie zwei Fremde, die sich gerade erst kennengelernt haben. »Ihre Arbeit mit den Waldläufern ist beendet«, sagte Regis, »aber wir Hasturs haben uns dazu bereit erklärt, den Terranern einige Informationen über unsere Wissenschaften – speziell die Matrixtechnik – zu liefern. Dr. Allison . . . Jason, du kennst Darkover, und ich glaube, daß wir mit dir zusammenarbeiten könnten. Außerdem weißt du einiges über die veränderte menschliche Psyche. Ich möchte dich also fragen: Hättest du Interesse daran, einer von jenen zu sein, die bald zu uns kommen? Du würdest ideal dazu passen.«

Ich warf durch das Fenster einen Blick auf die fernen Berge. Die auf mich zukommende Arbeit würde geeignet sein, beide Persönlichkeiten in mir zu befriedigen; die unstete ebenso wie die rational handelnde – und von nun an würden keine Gespenster mehr meinen Geist durchwandern. »Ich bin einverstanden«, sagte ich zu Regis. Dann wandte ich mich entschlossen von ihm ab und ging in die Quartiere der Waldläufer hinauf, die jetzt verlassen waren. Zusammen mit meinem jetzt doppelten – oder vollständigen – Wissen hatte sich nämlich ein weiterer Schatten in meinem Gehirn gelöst, und ich erinnerte mich an eine Frau, die in Jay Allisons Gesichtskreis nur am Rande aufgetaucht war. Er hatte sie kaum zur Kenntnis genommen und ihr außer Toleranz – sie verstand die Sprache der Waldläufer und konnte deshalb mit ihnen arbeiten – nichts entgegengebracht. Ich öffnete die Tür, streifte kurz durch die Räume und schrie: »Kyla!« Und sie kam. Sie rannte. Mit zerzausten Haaren. Sie gehörte mir.

Im letzten Augenblick wich sie ein wenig vor meinen Armen zurück und flüsterte: »Du bist Jason . . . aber auch noch ein wenig mehr. Anders . . .«

»Ich weiß selbst nicht mehr, wer ich bin«, erwiderte ich leise. »Aber ich bin ich. Vielleicht sogar zum erstenmal. Willst du mir dabei helfen, es herauszufinden?«

Ich legte einen Arm um sie und versuchte zwischen meinen Erinnerungen und dem Morgen einen Pfad auszumachen. Mein ganzes Leben lang war ich über eine mir unvertraute Straße auf einen unbekannten Horizont zugegangen. Jetzt, da ich ihn erreicht hatte, mußte ich feststellen, daß er lediglich die Schwelle zu einem unerforschten Land bildete.

Kyla und ich würden es gemeinsam erforschen.

Heidi Staschen

Geschlechterkampf auf Darkover?

Mein Weg zu den Ebenen von Arilinn

Darkover mit seiner blutigen Sonne – ich lernte es kennen, als ich dreizehn war. In einem der vielen Heftchenläden fand ich ein zerrissenes, durch viele Hände gegangenes Bändchen mit dem Titel *Die blutige Sonne*. Die Autorin hieß Marion Zimmer Bradley. Warum ich unter so vielen Büchern gerade dies auswählte? Nun, vielleicht sollte es so sein.

Damals begann ich das Bändchen zu lesen und legte – zum Ärger meiner Eltern – das Buch erst aus der Hand, als sich das Geheimnis um Jeff Kerwins Herkunft zufriedenstellend gelöst hatte: Er war ein echter Comyn!! Eine neue Welt hatte sich vor mir aufgetan: die Ebenen von Arilinn, die Turmkreise, die Comyn mit den roten Haaren, die Familien der Ardais, der Ridenows, Cleindori, Matrix-Kristalle, zarte Bewahrerinnen wie Elorie – sie sollten lange meine Jungmädchenträume bestimmen . . .

Doch mit zunehmendem Alter traten andere Dinge für mich in den Vordergrund. Fast verlor sich mein Interesse an SF-Literatur, als ich an die Universität kam. »Wissenschaft« war angesagt, und im Anglistikstudium hatte damals die sogenannte Trivialliteratur keinen Platz. Dennoch – ich behielt das Bändchen mit dem abgegriffenen Einband, las es ab und zu und freute mich daran.

Einmal ging ich sogar deswegen in unsere Staatsbibliothek. Wenn Marion Zimmer Bradley eine »bekannte amerikanische SF-Autorin« war, wie der Hefteinband versprach, müßte man sie doch im Werkverzeichnis oder zumindest in der Sekundärliteratur erwähnt finden. Doch – nichts dergleichen! So blieb die *Blutige Sonne* weiter hinten in meinem Bücherschrank, überstand Umzüge, Aufräumaktionen und belletristikbeflissene Freunde, und der Name Marion Zimmer Bradley blieb in meinem Kopf, die Rote Sonne von Darkover in meinen Tagträumen.

Schließlich forderte die Universität ihren Tribut und eine völlige Hingabe ans Examen. Da war für Phantasiewelten kein Platz!

Während dieser Lehr-Zeit wurde ich – durch zunehmendes Anecken an Grenzen männlicher Domänen – eine »frauenbewegte Frau«. Frauengruppen entstanden, wo wir versuchten, den »subjektiven Faktor« ins Bewußtsein der uns umgebenden Männer zu rücken, wo wir die Möglichkeit entdeckten, uns selbst zu erfahren. Es war eine Aufbruchszeit. Das Private war nicht länger etwas, das im stillen Kämmerlein mit »ihm« abgemacht wurde, sondern wurde – Veränderung erheischend – öffentlich diskutiert. Und es wuchs auch die Zahl der Frauen, die es schlicht satt hatten, sich ergebnislos mit Männern auseinanderzusetzen, Verständnis und Zärtlichkeit zu fordern, die sich nicht mehr in eine männlich dominierte Welt integrieren wollten, die vielmehr Enklaven für Frauen suchten und schufen.

Andere, zu denen auch ich zähle, versuch(t)en weiter, Feminismus als Betonung und Hervorhebung des Anteils von Frauen auf verschiedensten Gebieten *und* die Hoffnung auf Veränderung, auf »Öffnung« des männlichen Partners, zusammenzubringen.

Erfreulich war, daß in viele Bereiche die Welle frauenbewegter Gedanken hineinschwappte. Auch mein Fach – Geschichte – wurde damit konfrontiert: Mußten nicht wir als Historikerinnen ganz neue Fragen stellen? Welchen Anteil an der Erschaffung dessen, was Zivilisation ist, hatten/haben Frauen? Was wissen wir über sie? So wurde aus History für uns Her-story, denn auf unserer Suche nach den namenlosen Schwestern wurden wir fündig. So war es auch nicht verwunderlich, daß Fragen aufgegriffen wurden, die von der Forschung vernachlässigt und als nicht relevant abgetan worden waren und die lange nicht im Veranstaltungskanon eines historischen Seminars zu finden waren: Wo gab es Matriarchate? Wie regierten die Frauen dort? Wie war ihr Verhältnis zu den Männern? Wie paßten die kriegerischen Amazonen zu den »friedlichen Müttern«? Welche reale Macht hatten Frauen aufgrund der ihnen zugeschriebenen besonderen Verbindung zur Natur und damit zur Magie . . .?

Diese Fragen schlugen sich auch in der Frauenliteratur nieder. Frauen entdeckten zunehmend das Genre Science-fiction und Fantasy. Feministische Utopien wie S. Gearhearts *Wanderland*, Gilman Perkins *Herland* oder F. d'Eaubonnes *Das Geheimnis des Mandelplaneten* u.a. wurden gelesen und diskutiert. Es ging dabei meist darum, wie Frauen zusammenleben und lieben, wie ihr Verhältnis zu den (verbleibenden) Männern, wie zur Gewalt ist und wie sie das Problem der Fortpflanzung gelöst haben (sicher der wundeste Punkt aller feministischen Utopien, aber auch der spannendste, was die Überlegungen und Vorschläge der Autorinnen angeht.)

Daneben wurden mehr und mehr Frauen als SF-Autorinnen von der deutschen Frauenbewegung »entdeckt«, wie etwa Ursula K. LeGuin, Anne McCaffrey oder Joan D. Vinge, die in den USA schon lange bekannt sind.

Und eines Tages, beim Stöbern in einem Fantasy-Buchladen, fiel mir das Buch *Die Jägerin des Roten Mondes* in die Hände. Autorin: Marion Zimmer Bradley.

Bald schon fieberte ich neuen Werken entgegen, die als deutsche Neuveröffentlichungen in – wie mir schien – viel zu langen Abständen herauskamen. Als dann der erste neuveröffentlichte Darkover-Roman auf die Büchertische kam, kannte meine Freude kaum Grenzen: Die ganze Comyn-Welt tat sich erneut und viel farbenfroher, spannender und fesselnder als »damals« vor mir auf. So wurde ich erst ein richtiger Darkover-Fan.

Natürlich wollte ich auch anderen Frauen, die ich gut kannte, von dieser Autorin berichten (Männer meiner Umgebung lasen »so etwas« – sprich Fantasy – nicht) und sie zum Lesen anregen. Als dann im Frühjahr 83 auf der 3. Hamburger Frauenwoche (Motto »Frauen lernen gemeinsam«) ein Seminar angeboten wurde unter dem Titel »Feministische Utopien«, dachte ich, daß Marion Zimmer Bradley dabeisein würde. Zumindest mit ihrem Roman *Die Matriarchen von Isis* (1979 erschienen), den ich einer Referentin vorschlug. Doch – er wurde abgelehnt. Der Roman sei nicht feministisch genug, weil die Heldin sich permanent für ihre Eigenständigkeit, ihre Höherbewertung im Frauenstaat vor ihrem Mann rechtfertigt und entschuldigt. *So etwas* sollte im Seminar nicht diskutiert werden, und Utopien im Sinne von Fort- und/oder Neuentwicklung von sozialen Mustern seien darin nicht zu finden . . . *Darkover* wurde als Fantasy abgetan . . .

Nun mag letzteres auch daran liegen, daß zum einen die Romane von Marion Zimmer Bradley, die sich besonders mit feministischen Themen auseinandersetzen (Die zerbrochene

Kette und Herrin der Falken), vergriffen oder noch nicht übersetzt waren und zum anderen, daß leider der Verlag, der die besten Darkover-Bände herausbringt, diese mit Titelbildern versehen ließ, die mit dem Inhalt der Bücher nichts mehr gemein haben, dafür aber das übliche Klischee – »nackte Frau mit scharfer Waffe und wildem Tier« – verwenden (siehe *Der verbotene Turm, Die blutige Sonne),* so daß interessierte Frauen davon eher abgeschreckt werden. Hier ist seit einiger Zeit eine erfreuliche Veränderung vor sich gegangen, und die Marion Zimmer Bradley-Bücher wurden mit gelungenen, interessanten, die Phantasie anregenden Titelbildern ausgestattet. Sollten hier Frauenproteste genützt haben . . .?

Im folgenden Kapitel soll es nun darum gehen, die Person Marion Zimmer Bradley vor dem Hintergrund der Schwierigkeiten darzustellen, die eine schreibende Frau im SF-Genre hat. Es gilt aufzuzeigen, welche Energie notwendig ist, sich gegen Normen von außen wie auch das »Patriarchat im Kopf« durchzusetzen und als Schriftstellerin erfolgreich zu sein. Auch möchte ich auf ihre manchmal abwertenden Bemerkungen zum Feminismus, zu Frauen und zum Schreiben überhaupt eingehen und diese einmal mit dem, was sie dann in ihren Romanen niederlegt, in Beziehung setzen.

Es folgt dann ein Abschnitt über Darkover unter besonderer Berücksichtigung der Rezeption in den USA anhand von Auszügen aus dem Darkover-Fan-Magazine *Newsletter*. Den Abschluß soll die kurze Betrachtung der Romane *Die zerbrochene Kette* und *Herrin der Falken* bilden, da die Autorin in diesen 1976 und 1982 in den USA erschienenen Romanen deutlicher als anderswo Frauenprobleme darstellt.

»Es gibt immer eine Alternative«

Marion wurde als erstes Kind des Ehepaares Zimmer am 3. Juni 1930 in Albany, New York, geboren.[1)] Interessant sind die Ausbildung bzw. die Berufe der Eltern: Die Mutter ist Historikerin, der Vater gelernter Zimmermann und dann Farmer.

1) Die nachfolgenden biografischen Daten entnahm ich dem Artikel von Ronald M. Hahn *Die Welt der roten Sonne* in: *Science Fiction Almanach 1981* (Moewig-Verlag).

Doch wie kommt nun die Tochter eines Farmers und einer Historikerin, die weitab von der Großstadt mit dem vielfältigen Informations- und Bücherangebot lebt, dazu, eine eigene Welt zu erfinden, Zukunftsgeschichten zu schreiben? Oder ist es gerade diese Abgeschiedenheit, die sie dazu bringt, sich ihren »privaten Kosmos« (Hahn) zu erträumen? Sie selbst sagt dazu in dem Vorwort zur Kurzgeschichtenanthologie *Der Preis des Bewahrers*:

> »Jungen, die schreiben wollten, schufen sich meist ihre eigene Welt . . . Mädchen wurden nicht gerade ermutigt, dies zu tun. Ich tat es trotzdem, aber ich lebte auch auf einer Farm, fernab von den Gruppenzwängen der Gleichaltrigen, und ohne Zweifel wäre ich das gewesen, was ein Psychologe als ›unzulänglich sozialisiert‹ bezeichnet hätte. Was eine höfliche Art ist zu sagen, daß ich irgendwie dem Gruppendruck mit Gehirnwäsche entging, der einem Mädchen erklärt, daß das Erwachsenwerden einer Frau hauptsächlich mit Tanzen, Verabredungen, Kosmetika und ähnlichen Teenager-Verabredungs-Ritualen zusammenhängt.«

Es ist erstaunlich, daß anscheinend der Druck von außen auf das Mädchen Marion erst wächst, nachdem sie auf die Schule kommt:

> »Meine eigene Jugendzeit war fröhlich und von Jungen und der Sorge um zu wenige Rendezvous ungeplagt . . .«

In der Tat mag die Schülerin Marion aus dem Rahmen einer amerikanischen Schule fallen, wenn sie nicht an »dates« und hübschem Aussehen interessiert ist. Lehrer legten ihr denn auch ans Herz, sich mehr auf »mädchenhaftes Benehmen« zu konzentrieren als auf Schreiben, Lesen oder das Auswendiglernen von Opernpartituren, die sie sehr schätzte. In dieser Zeit schreibt sie wie sie selbst später bemerkt »unglaublich schlechte Romane«. Sie befaßt sich mit Schreiben gegen den Willen, die Meinung ihrer Umwelt. Sie *erfindet* »ihre Welt«. Vielleicht, weil ihr die sogenannten Mädchenbücher ohnehin nicht gefielen: Die Suche nach dem »Richtigen« war (noch) nicht Ziel des Mädchens aus Albany.

Sie *findet* ihre Welt: in den Fan-Magazinen der Science-fiction-Fan-Gemeinde. Ronald Hahn nennt sie »wohlbehütet«, »brav«, was dem widerspricht, wie sie sich selbst in ihren frühen Jungmädchenjahren sieht. Sicher, das Mädchen von der Farm, die Tagträumerin, die nichts von »dates« und »hairstyling« wissen will, mag nach außen hin reserviert, kontaktscheu, vielleicht introvertiert gewirkt haben. Aber war das nicht »ihr« Weg, sich den für Mädchen typischen Verpflichtungen, Rollenzuweisungen zu entziehen?

Als sie mit den SF-Magazinen *diese* Welt für sich entdeckt, findet sie darin eine Möglichkeit, mit Schreiben »nach außen« zu treten. Doch nicht Stories sind es, sondern zuerst Leserbriefe. Sie schreibt viel, korrespondiert mit anderen Fans. Es ist, als ob eine »Tür zum Welt-Raum« für sie geöffnet wurde. Marion Zimmer braucht nicht länger ihre Zurückgezogenheit als Schutz vor dem Gruppendruck der Gleichaltrigen. Aus sich heraus wurde sie aktiv, veröffentlichte sogar ein Fan-Magazin. Dann noch ein weiterer Schritt zu auf die Welt dort draußen: Sie besucht das College, lernt, will Wissen.

Ihren nächsten Lebensabschnitt beschreibt Hahn wie folgt:

> »Sie wurde schließlich langsam erwachsen, brach das College ab und heiratete mit 19 Jahren den 30 Jahre älteren Eisenbahnangestellten Robert A. Bradley . . .«

So ist Erwachsenwerden also, wenn eine Frau ihre Ausbildung abbricht, heiratet und mit »ihm« fortzieht?

Was mag sie bewogen haben, so früh in den Stand der Ehe zu treten? Gerade vertraut geworden mit Science-fiction, gerade aktiv gewesen für sich selbst, gibt sie all dies – zunächst – auf. Marion Zimmer Bradley geht mit ihrem Mann nach Texas. Hatte sie sich in der Jugend durch Schreiben in ihre Welt zurückgezogen, um nicht in den »Mädchenkrieg« um Rendezvous eintreten zu müssen, so gilt es für sie als junge Ehefrau, die bereits ein Jahr später Mutter des Sohnes David wurde, der Langeweile und dem Sich-Aufgeben entgegenzuwirken. Zugute mag ihr dabei gekommen sein, daß ihr Mann sich für Ufos interessierte und daher ihre SF-Begeisterung u. U. als seinem Hobby verwandt ansah. Womöglich hielt er auch die »Schreiberei« seiner Frau für Nachwehen jungmädchenhaften Tagebuchschreibens. Sie war schließlich erst gerade 20 Jahre alt . . .

Sie muß viel Kraft, Ideen, Gedanken, Phantasie in sich gehabt haben, die junge Mrs. Robert Bradley, dort draußen in Texas. Stories über Stories entstanden. Viele, die nie von einem Verlag angenommen wurden, aber auch diese Enttäuschung ließ ihre Phantasie nicht versiegen. Dann wiederum einige, die sie verkaufen konnte, die ihr Mut gaben. Und so konnte sie bis Ende 1960 – sie war gerade 30 Jahre alt, ihr Sohn David 10, ihr Mann 60 – etliche Geschichten gedruckt vor sich liegen sehen.

Hahn schreibt dazu:

> »Der Status der professionellen Schriftstellerin, den Marion Zimmer Bradley nun innehatte, verlangte plötzlich einen veränderten Lebensrhythmus, der vom Einhalten bestimmter Regeln diktiert wurde: Korrespondenzen mußten geführt und Redaktionstermine eingehalten werden.«

Das kann doch nur heißen, daß entweder veränderte Ansprüche von ihrer Seite an Mann und Sohn bezüglich Haushalt und der anfallenden Arbeiten gestellt wurden oder daß sie die typische weibliche Doppelbelastung von Beruf und Haushalt/Familie erlebte. Ging sie abends hinauf in die Mansarde, nachdem auch der letzte Krümel vom Tisch gefegt, die Schulbrote für den Jungen gemacht, die Hemden für den Mann bereitgelegt waren? Wieviel Konfliktstoff steckte in dieser veränderten Lebensführung: der Eisenbahnangestellte, der ansehen mußte, wie seine junge Frau Interessen hatte, die weit über die Familie hinausgingen, der Sohn, der eine aktive Mutter, aber vielleicht auch eine mit wenig Zeit für ihn erlebte?

Kein Wunder, daß Robert A. Bradley mit aller Macht seiner Autorität als angetrauter Ehemann einschritt, um die Familie in seinem Sinne zu erhalten. Wenn er wieder eine »richtige« Ehefrau haben wollte, mußte er sie erst einmal von ihren so mühsam aufgebauten Kontakten entfernen. So schickte *er* sie aufs College zurück, wo sie ihr Examen absolvierte. Wie mag in dieser Zeit der »veränderte Lebensrhythmus« der Familie Bradley ausgesehen haben? Was tut ein Junge von zehn Jahren, dessen Mutter erneut lernt und dann sogar studiert? Kam es zu einer Entfremdung zwischen Mutter und Sohn? Zu einer der Ehegatten gewiß, denn nach der Universitätszeit – sie hatte dort 1964 ihren Abschluß gemacht – reichte sie, mit 34 Jahren, die Scheidung ein.

Nicht daß sie gegen die Ehe als solche gewesen wäre. Nein, nur Raum sollte sie ihr geben für sich, für ihre Kreativität. Sie wird gehofft haben, dies bei ihrem zweiten Mann – dem Numismatiker Walter Breen – zu finden. Ihr zweiter Sohn – Patrick Russell Breen – wird noch 1964 geboren.

Mitte der sechziger Jahre erscheint mit *Die blutige Sonne* der erste ausgefeilte Roman über Darkover. (Und irgendwo in Deutschland bekommt ein Mädchen ein zerrissenes Bändchen über einen Planeten mit einer roten Sonne in die Hand, ist fasziniert, begeistert, tagträumt sich selbst dorthin – und wird erst viel später von dem Leben der Autorin und ihrem Werdegang erfahren . . .) Weitere Bände folgen. Die Zahl der Anhänger von Darkover wächst. Erste Fanclubs entstehen, Fan-Magazine werden erstellt. Ihr Name wird häufiger erwähnt, ihre Bücher verbreiten sich, werden übersetzt. In Berkeley, überhaupt in ganz Kalifornien – dem Staat in dem sie heute mit 58 Jahren lebt –, hat fast jeder Buchladen reihenweise ihre Romane im Regal stehen.

»Es gibt immer eine Alternative« – dieser im Grunde optimistische Satz aus dem Roman *Die zerbrochene Kette* könnte auch für das Leben von Marion Zimmer Bradley stehen.

Eine Autorin ohne Geschlecht

Das bereits erwähnte Vorwort zu *Der Preis des Bewahrers* enthält deutliche Worte von Marion Zimmer Bradley darüber, welche Mißverständnis es gemeinhin über Autoren und Herausgeber – besonders des SF-Genres – gäbe: Frauen hätten es nämlich nicht schwerer als Männer in dieser Branche! Und sie verweist auf Beispielfrauen wie Ursula K. LeGuin und Anne McCaffrey, deren Arbeiten durch Preise bereits gewürdigt worden sind. Dann führt sie weitere Ausnahmefrauen an, die z.B. Herausgeberinnen von SF-Zeitschriften waren. Wer also qualitativ gut schreibt, wird schon Erfolg haben – egal, welches Geschlecht er, pardon: sie, hat!

Es folgt dann eine Distanzierung von dem, was die Autorin »radikalen Feminismus« nennt: Es widerstrebt ihr aufs äußerste, »Frauen- Schriftstellerin« (woman writer) genannt zu werden, es widerstrebt ihr, über Schwierigkeiten mit Verlegern zu berichten. Sie betont, von weiblichen wie von männlichen SF-Autoren Anregungen, Ideen erhalten zu haben – was eigentlich keine Feministin ablehnen würde. Die ganze Confessio kulminiert in dem Satz: »Autoren und Dichter haben kein Geschlecht . . .« Sicher, hier ist deutlich, daß im anglo-amerikanischen Sprachraum die Begriffe »poetess« und »authoress« Anklänge an romantische Frauen in Rüschenkleidern am Kamin haben, die zum Zeitvertreib Naturlyrik verfaßten oder Familienidylle mit leidenschaftlichen Ausbrüchen der jüngsten Tochter (be)schrieben.

Marion Zimmer Bradley ist in einer Zeit aufgewachsen, welche die Emanzipation der Frau als ein dem Manne Gleichtun und Gleichsein verstand. Das Ziel der »freien Frau« war, an *seiner* Welt partizipieren, *seine* Ehrenbezeichnungen wie Schriftsteller oder Autor und damit männliche Akzeptanz erreichen zu wollen. Es war einfach zu früh für weibliche Neu-Konzepte, für ein Umdenken in der Sprache, die so lange männlich ausgerichtet war/ist. Und so konnte Marion Zimmer Bradley noch nicht stolz darauf sein, »woman writer« genannt zu werden. Sie selbst dazu:

> »Ich weigere mich strikt, Apartheid zu dulden, auch wenn sie getarnt und rational begründet als ›Freiraum für Frauen‹, ausgegeben wird.«

Ein hartes Wort – Apartheid –, bezeichnet es doch machtpolitische Verhältnisse, in denen Teile der Bevölkerung von grundlegenden Rechten ausgeschlossen sind. Wie kann es dann Apartheid sein, wenn Frauen sich ihren »Freiraum« erstreiten, zu dem in der Tat Männer einmal keinen Zugang haben? Erinnern wir uns an die Errichtung der ersten »Frauenkneipen«, zu denen Männer keinen Zutritt haben.

Auch in Vierteln, wo eine Kneipe neben der anderen steht, bestanden Männer auf *ihrem* Recht, ausgerechnet in der »Frauenkneipe« *ihr* Bier zu trinken. Auch sie verwiesen auf den Gleichheitsgrundsatz, sahen aber nicht, daß Frauen diesen Freiraum haben *wollten*, um unter sich zu sein, um ohne männliche »Anmache« *ihr Bier trinken zu können.*

Wenn Frauen wie Marion Zimmer Bradley sich derartig abgrenzen und absichern gegen die Frauenbewegung bzw. den erwarteten Vorwurf, selbst »so eine« zu sein, dann muß das einen Grund haben. Und dieser wird im folgenden Satz aus dem Vorwort nur zu deutlich:

> »Nun, ironischerweise ist dies eine Anthologie, die sich allein aus Erzählungen von Frauen zusammensetzt.«

Man soll nämlich nicht glauben, daß dies geplant war, beabsichtigt. Hat sie nicht etwa händeringend sogar versucht, ihren Bruder Paul und ihren Sohn David dazu zu bewegen, Stories beizusteuern?

So kann ihr also keiner vorwerfen, sie hätte nicht versucht, »Geschlechterpluralität« herzustellen. Warum so defensiv, Frau Zimmer Bradley?

Es ist doch so, wie sie selbst an anderer Stelle bemerkt, daß besonders Frauen an Darkover interessiert sind und eigene Geschichten dazu schreiben. Und es ist auch kein Zufall, daß die meisten eingereichten Texte sich mit den Freien Amazonen befassen (weiteres dazu im folgenden Kapitel). Ein Grund ist darin zu sehen, daß Darkover den schreibenden Amateur-Frauen einen »Freiraum zum Ausprobieren ihrer Kreativität« gibt, wie die Autorin zum Schluß des Vorwortes und damit ihre eigenen Anfangsbeteuerungen selbst relativierend schreibt.

So entpuppen sich die Distanzierungen als präventiv, damit keiner die Autorin – Verzeihung: den weiblichen Autor Marion Zimmer Bradley – in die feministische Ecke abschöbe . . .

Und so erfolgt vorsichtig, fast zaghaft erst weit hinten in dem Vorwort auch die Relativierung ihrer These: jede/r schaffe es, allein durch schriftstellerische Qualität, Erfolg im SF-Genre zu haben:

> »Erst vor sehr kurzer Zeit habe ich damit begonnen zu realisieren, daß in Wahrheit ich es ganz einfach geschafft hatte, durch ein Zusammentreffen von Glück, Gleichgültigkeit und geistiger

Robustheit der Gehirnwäsche zu entgehen, welche 90% der Frauen erleben. Ich hatte immer geglaubt, meine Mitschwestern hätten es ebenso vermeiden können – sie können dich keiner Gehirnwäsche unterziehen, wenn du nicht zuhörst –, aber heute bin ich mir dessen nicht mehr so sicher.«

Die universelle Benachteiligung von Frauen wird eben nicht durch starke Frauen wie Ursula K. LeGuin oder Joan D. Vinge negiert, sondern zeigt nur deren außergewöhnliche Fähigkeiten auf. Sicher, es haben immer einzelne Frauen geschafft, sich in dieser von Männern dominierten Welt einzurichten, dort ihren Platz zu erobern. Doch die Masse der anderen hatte einfach nie die Möglichkeit, sich zu entfalten, oder wollte keinen Anteil an den männlichen Domänen, sondern eigene Frauen-Frei-Räume, Normen und Rollenzwänge hindern. Marion Zimmer Bradley hatte es selbst erfahren, als sie nur knapp – durch eigenes Wollen – dem Schicksal »Ehefrau von . . .« und »Mutter von . . .« entging.

Und so ist sie doch im Endeffekt eine Schriftstellerin, eine, in deren »Welt« sich vorwiegend Frauen aufhalten, eine, die andere – auch durch ihr gelebtes Beispiel – zum Schreiben anregt und auffordert. Das Ausdenken von Episoden von Freien Amazonen hat durchaus emanzipativen Charakter, denn die eigenen Wünsche und Träume müssen oft erst einmal formuliert und verbalisiert werden, bevor zu ihrer Ausführung, zur Tat geschritten werden kann.

Die Darkover-Romane – ein Puzzle für Fans

Vorweggeschickt sei, daß Marion Zimmer Bradley nicht nur Romane über »ihre« Welt der roten Sonne schrieb. Auch Fantasy-Romane wie *Jäger des Roten Mondes* und *Die Flüchtlinge des Roten Mondes*, in denen Frauen als handelnde Personen keine Seltenheit sind, gehören zu ihrem Repertoire. Oder ein sehr gelungener Roman, der im San Francisco der heutigen Zeit spielt und sehr realistisch ein Institut für Parawissenschaften vorstellt, in welchem Versuchspersonen Drogen zur Bewußtseinserweiterung verabreicht bekommen. *(Das Haus zwischen den Welten)*. Die Hauptperson, ein mit mäßigen PSI-Kräften begabter junger Mann, gerät unversehens in eine Parawelt zu seiner Realität, wo er als »Zwischenwesen« für Aufregung sorgt.

Dann sei noch besonders auf den Band *Die Matriarchen von Isis* verwiesen, der von der wissenschaftlichen Expedition eines Paares auf einen matriarchalisch regierten Planeten handelt. Eigentlich ist »er« der Hauptforscher, »sie« nur seine Gehilfin und Ehefrau. Um aber überhaupt Erlaubnis zu erhalten, auf Isis graben zu können, müssen sie – nach außen – die Rollen tauschen: »Sie« wird mit allen Ehren empfangen und den Matriarchinnen vorgestellt, »er« muß als geduldetes Anhängsel ins »Männerhaus«. So ist der Konflikt bereits angelegt, als unterdrückte, verletzte Männlichkeit und weibliches Schuldbewußtsein zusammentreffen. Hier sei daran erinnert, daß dies der Roman war, der als zu »un-feministisch« für das Seminar »Feministische Utopien« abgelehnt wurde.

Doch nun zu *Darkover*.

Das Konzept ihrer Welt ist bereits in frühen Werken wie z. B. *Das Weltraumtor* (1961) angelegt. Dort gibt es schon Kristalle (Matrizes), die telepathische Kräfte bündeln und/oder aktivieren.

Doch erst in *Die blutige Sonne* (1964) entsteht die darkovanische Gesellschaft deutlicher vor den Augen der Leserin/des Lesers, wenn auch noch viele Fragen, z. B. nach der sozialen Struktur der Bevölkerung und ökonomischen Basis der Comyn, offenbleiben. In diesem Roman spielt die Auseinandersetzung mit dem terranischen Erbteil Darkovers eine wichtige Rolle. Es geht um die Frage, ob Vorurteile einen Menschen daran hindern können, seinen Fähigkeiten entsprechend unter seinesgleichen zu leben.

Marion Zimmer Bradley hat keinen Zyklus im engeren Sinne geschrieben wie z. B. Ursula K. LeGuin mit ihrer »Erdsee-Trilogie« oder Anne McCaffrey mit ihrer »Drachenserie«, in welchen sich Personen von Teil zu Teil weiter-entwickeln und die Zeit auf den Inseln und auf Pern chronologisch fortschreitet. Mit Darkover ist es anders. Die Autorin begann »irgendwo« in der Geschichte des Planeten zu schreiben. Personen entstanden, Orte wurden beschrieben. Beim nächsten Darkover-Roman griff sie vielleicht eine Nebenperson an einem Nebenschauplatz auf, ließ vormalige Hauptpersonen am Rande mit-agieren. Dazu verlagerte sie das Geschehen in eine frühere oder spätere Zeit der Geschichte – wie es ihr gerade gefiel. So entstand irgendwann das Bedürfnis danach – von den Fans wie auch ihr selbst – zu erfahren, wie genau die Anfänge Darkovers gewesen waren. Was hatte es mit dem oft erwähnten terranischen Raumschiff auf sich, das so unfreiwillig landete? Sie setzte sich an den Schreibtisch, fing an zu schreiben, und *Landung auf Darkover* (1972) entstand.

So ist jeder Darkover-Roman aus sich heraus verständlich und kann für sich genommen gelesen werden.

Daß die Frage nach der Reihenfolge der Romane die Gemüter bewegt, zeigt sich daran, daß die *Friends of Darkover*, eine Gruppe von der gleich noch die Rede sein wird, eigens eine Publikation dazu herausgab. Die Antwort der *Friends* ist schlicht: Es *muß* nicht unbedingt nach Darkover-Chronologie gelesen werden, die natürlich schon minutiös von Fans ausgearbeitet wurde, sondern besser nach dem Erscheinungsdatum. Das leuchtet ein, da Marion Zimmer Bradley selbst ihre früheren Werke für »jugendliche Schreibarbeit« hält, die sie teilweise neu überarbeitete oder gänzlich umschrieb, wie sie es z. B. mit *Das Schwert des Aldones* tat, dessen neue Fassung den Titel *Sharras Exil* trägt.

Ein Rezept, um sich an Darkover anzunähern, gibt in eben jenem Papier ein New Yorker Buchhändler: »Geh in den Laden, nimm irgendeines – und lies!«

Da die Romane häufig in unterschiedlichen historischen Epochen der Welt der roten Sonne spielen, tauchen Personen manchmal als alte Frauen, dann als junge Mädchen oder Ehefrauen auf. Was natürlich die Fans reizt, alle Romane in Beziehung zu setzen – und die Autorin auf Widersprüche (!) in Handlungsabläufen, Charakterzügen oder anderen Gegebenheiten hinzuweisen(!). Wie in dem folgenden Beispiel aus der Zeitschrift der *Friends of Darkover:*

Frage eines Fans:

»Habe gerade *Die Kräfte der Comyn* gelesen und bin verstört über zwei Ungereimtheiten . . .: Bei ihrem ersten Erscheinen wird beschrieben, daß die ›Banshee-Vögel‹ durch den Geruchssinn ihre Opfer finden, und die Jungen können die Vögel zurückschlagen, indem sie ihren Geruch verändern. Aber später im Buch verfolgen Banshees Fährten durch das Wahrnehmen von Bewegung. Was ist passiert? Gibt es zwei Arten von Banshees?«

Antwort der Autorin:

»Ich nehme an, daß Banshee-Vögel, die fast blind sind, Fährten durch Geruch, durch Töne und durch Bewegung wahrnehmen, was ungefähr wie Radar funktionieren würde.«[1)]

Die Freunde der roten Sonne

In den USA ist die Resonanz so groß, daß dort der schon erwähnte Fan-Club *Friends of Darkover* gegründet wurde. Die *Friends* leiten auch Anfragen an Marion Zimmer Bradley weiter, die sie aber zuerst sichten, da es wohl einige unerfreuliche Haß-Briefe direkt an die Autorin gegeben hat.

Die *Friends* geben ca. alle drei Monate das Magazin *Newsletter* heraus.

In ihrem Statut formulieren sie ihre Ziele:

»Die *Friends of Darkover* sind eine nichtpolitische, nichtreligiöse, non-sexistische und völlig ohne Profit arbeitende Gruppe, bestehend aus Einzelpersonen, deren einziger Existenzgrund ist, Fan-

1) Aus Newsletter No. 27, übers. v.d. Verf.

tasywelten und Parallelwelten mit anderen Gleichgesinnten zu diskutieren.«

Allerdings bezieht sich die Gruppe nicht allein auf Darkover. So gehören ebenfalls »Pern« aus dem Drachenzyklus von Anne McCaffrey, »Mittelerde« von Tolkien und sogar *Star Trek* (bei uns bekannt als Fernsehserie *Raumschiff Enterprise*) u. a. zu den Welten, für die die *Friends* offen sind. Dann sei hier noch die Gruppe der sog. Anachronisten erwähnt, die, in mittelalterliche Kostüme gezwängt, Turniere abhalten und »Geschichte neu erschaffen, so wie sie ihrer Meinung nach gewesen sein könnte«, und die sich ebenfalls zu den *Friends* zählen.

In den *Newsletter*-Ausgaben überwiegt jedoch eindeutig der Darkover-Anteil, wohl nicht zuletzt deshalb, weil Marion Zimmer Bradley – meist immer respektlos-wohlwollend MZB genannt – dort selbst zu Worte kommt, zu Fragen Stellung nimmt. Außerdem hält sie ihre Fans über ihre Arbeit auf dem laufenden, über neue Projekte ebenso wie über ihre Geschäftsabschlüsse.

Als Beispiel eine solche Fan-Frage an die Autorin:

> Frage:
> »Kennard Alton erfuhr von den Chieri vom terranischen Ursprung der menschlichen Darkovaner. Warum erzählte er seinem Sohn Lew nichts davon? Dies schreit nach einer Erklärung.«
>
> Antwort:
> »Ich nehme an, Lew wußte über den Ursprung der Darkovaner Bescheid, und es hat ihn nicht interessiert. Es befand sich nicht unter den Themen, die für ihn wichtig waren.«[1)]

Die *Friends* pflegen untereinander von Küste zu Küste reichende Kontakte. So gibt es in der Zeitschrift Listen mit Darkover-Gruppen, so daß die Fans sich an die ihnen nächstgelegene wenden können. Natürlich tragen diese Namen aus der Comyn-Welt: *Council of the 5 Moons*, *Cleindori's Council* usw. Auf überregionalen Zusammenkünften, Großen Ratsversammlungen und Festivals, treffen sich die Fans, feiern und diskutieren. All das findet verkleidet statt, nach Darkover-Mode der verschiedensten Zeitalter und je nach angestrebter sozialer Zugehörigkeit, wodurch sich die vielen Comyns auf den Festen erklären – und ebenfalls die vielen Freien Amazonen! Viele der *Friends* geben sich auch eigene Darkover-Namen, arbeiten sich richtige Stammbäume »ihrer« Familien aus, setzen sich selbst in Beziehung zu Personen aus Marion Zimmer Bradleys Romanen.

So geben sie sich eine farbige Heimat, in der sie von Gleichgesinnten umgeben sind, die ihre Träume ebenfalls träumen und die sich gegenseitig verstehen.

In einem Heft des Fan-Magazines wird für den Februar 1980 die Zahl von 98 registrierten Darkover-Gruppen mit 3 bis 25 Mitgliedern angegeben. Und wer zählt die Fans, die nicht »organisiert« sind?

Sieht man sich einmal eine Liste von Büchern an, die die *Friends* herausgeben, staunt man dann doch über den Enthusiasmus der Fans, Darkover in allen Gebieten wiederzufinden, die zur »normalen« Welt gehören:

– *Darkover-Kochbuch*:
  Rezepte aus Darkover auf terranische Verhältnisse zugeschnitten
– *Kostüme und Kleidung als kultureller Index auf Darkover*:
  Original(!)-Material beschrieben und illustriert von Diana L. Paxson
– *Darkovanisches Liederbuch*, 1. Band

Auch Walter Breen, der zweite Ehemann von Marion Zimmer Bradley, ist anscheinend vom Darkover-Fieber angesteckt. In o.g. Liste finden sich auch Texte von ihm:

– *Das Gemini Problem*:
  Das endgültige Essay über Darkover von der einen Person (außer MZB), die es wissen muß . . .

In regelmäßigen Abständen finden Wettbewerbe um die besten Amateur-Kurzgeschichten über Darkover statt. Diese werden von einer Kommission bewertet, der auch die Erschafferin der Welt der roten Sonne angehört. Als Kriterien wurden formuliert:
– schriftstellerische Technik,

– Authentizität betreffs des Darkover-Hintergrundes,
– Lesevergnügen.

Die als gut und sehr gut bewerteten Stories werden zum Teil im Fan-Magazin *Starstone* veröffentlicht oder aber in besonderen Kurzgeschichten-Anthologien, von denen bereits drei in deutscher Übersetzung vorliegen: »Der Preis der Bewahrerin«, »Das Schwert des Chaos« und »Freie Amazonen von Darkover«. Auch Marion Zimmer Bradley schreibt für diese Anthologien Kurzgeschichten, die für sie eine relativ ungewohnte literarische Gattung darstellen.

Manche Fan-Darkover-Geschichten entstanden dadurch, daß in irgendeinem Roman das Schicksal irgendeiner Nebenperson erwähnt wurde. Dies wieder reizte junge Schriftstellerinnen, diesen »dunklen Fleck« mit ihrer Phantasie auszufüllen. Als Beispiel sei eine Episode aus dem Roman *Die zerbrochene Kette* erwähnt. Magda, die sich als Amazone verkleidete, debattiert mit anderen die Frage, ob es richtig war, einige Prostituierte, die sich als Freie Amazonen ausgaben und so – angeblich – Unehre auf die Schwesternschaft gebracht hatten, mit Schlägen zu bestrafen. Einige Frauen meinen, »diese« seien zu faul, sich ehrlich ihren Lebensunterhalt zu verdienen, andere meinen, daß »diese« nicht freiwillig Huren geworden seien.

Mit den Worten: »Es gibt immer eine Alternative« wird die Episode abrupt beendet.

Und genau diese Szene ließ Patricia Mathews nicht ruhen. Sie schrieb die Geschichte. »There Is Always an Alternative«, die in der Anthologie *Der Preis der Bewahrerin* abgedruckt ist, um zu zeigen, daß es vielleicht gerade solche durch das Schicksal erniedrigten Frauen waren, die sich als erste in Schwesternschaften zusammenschlossen und die mehr verdienen als die Abscheu der Mit-Schwestern.

An dieser Stelle sei auf ein Problem eingegangen, das Marion Zimmer Bradley in dem bereits vielzitierten Vorwort zu eben dieser Anthologie selbst anspricht:

> »Einige Kritiker haben sich beunruhigt über die Möglichkeit geäußert, ich könnte womöglich meine schmachtenden Fans ausbeuten, ihre Ideen stehlen oder ihre Arbeiten in späteren Romanen

mitbenutzen. Diese Sorge ist absolut unbegründet, wenn man davon absieht, daß alles, was ich lese, irgendwie seinen Weg in mein Unterbewußtsein findet und sich dort einer totalen Umwälzung unterzieht, wobei sich grobe Ideen zu Literatur formen.«

Aber sie ist ehrlich genug zuzugeben:

»Natürlich erhalte ich Ideen von meinen jungen Fans, so wie ich ihnen welche gebe. Und was das Stehlen von Ideen betrifft, so habe ich selbst genug eigene . . .«

Und weiter:

»Wenn ich jemals Gebrauch von den Texten eines Fans machen sollte, so werden diese nach der Reise durch meinen eigenen persönlichen Traum-Raum so verändert und umgewandelt sein, daß sogar ihre Urheberin niemals ihre eigene Idee wiedererkennen wird, so fremdartig wird sie sein, wenn ich damit fertig bin!«

Es macht ihr auch nichts aus, wenn Fans in »ihrer« Welt schreiben:

». . .wer bin ich denn, die Tore zuzuschlagen und mit grober Stimme zu verlangen, sie sollten ihre eigene Welt aufbauen? Wenn sie dazu fähig sind, so werden sie es eines Tages tun.«

Marion Zimmer Bradley ermutigt vielmehr ihre Fans, ist aber sehr kritisch mit eingesandten Texten, da sie den jungen Schriftstellerinnen/Schriftstellern die Fehler ersparen möchte, die sie selbst in ihrer Jugendzeit – unangeleitet – machte.

Gefährliche Spiele

Wie stark in den USA die Resonanz auf Darkover ist, wie groß die Bereitschaft, sich auf Phantasiewelten einzulassen und damit Gedankengänge und sogar Verhaltensweisen zu übernehmen, zeigt folgendes Beispiel aus *Newsletter* No. 26.

Marion Zimmer Bradley geht dabei in einem zweiseitigen Autoren-Plädoyer auf die Gefahr ein, sich in (s)einer Phantasiewelt zu verschanzen und somit den Kontakt zur Außenwelt, zur Realität zu verlieren.

Sie bezieht dies *nicht* auf junge Frauen, die sie eigens erwähnt, die sich z. B. Neue Amazonen-Namen geben und daraus und aus dem Kontakt untereinander Kraft schöpfen, ihr Leben zu verändern, sich scheiden zu lassen oder bei den Eltern auszuziehen.

Ebenfalls als *ungefährlich* stuft sie es ein, wenn junge Männer ihr schreiben, daß sie endlich – nach dem Lesen von *The Heritage of Hastur* – wie Regis den Weg gehen können, sich zu ihrer Homosexualität zu bekennen, sie nicht länger zu verheimlichen und zu verleugnen brauchen.

Nun, wenn eine SF-Autorin solche »Erfolge« aufweisen kann, dann ist ihr nur zu gratulieren!

Doch weitaus gefährlicher ist für Marion Zimmer Bradley, wenn junge Mädchen sich selbst für »Bewahrerinnen« halten, die im Besitz von PSI-Kräften sind. Nicht, daß sie diese leugnen würde, nein, sie hält sie durchaus für entwickelbar:

> »Aber wenn ihr anfangt, einen ›Kreis‹ auszubauen oder ›Energien anderer zusammenzuschließen‹, oder wenn ihr glaubt, unter einem psychischen Angriff zu leiden, dann spielt ihr dumme Kinderspiele.«

Ihre Angst ist, daß möglicherweise unter Drogeneinfluß und/oder Hypnose Dinge im Unterbewußtsein des einzelnen aufgedeckt werden, die schwer kontrollierbar sind, die zu Angstneurosen oder Verfolgungswahn führen können. Daß ihr sehr eindringlicher Appell nicht aus der Luft gegriffen ist, zeigt ein Bericht in derselben Nummer von *Newsletter*, in welchem die Schreiberin von ihrer Erfahrung, »Bewahrerin« sein zu wollen, berichtet. Mit 23 Jahren entschloß sie sich, *Laran* zu haben. Wie sie schreibt, zog sie sich bewußt körperlichen Schaden zu, um – in der Sprache der Darkovaner-Bewahrerinnen – »die Kanäle freizuhalten für die Matrixarbeit«. Schwächung des Abwehrsystems, Allergien waren die Reaktionen des Körpers. Und dann der Höhepunkt:

»Und als ich 23 war und dachte, niemals Kinder haben zu wollen, da schaffte ich es, dies zu bewerkstelligen. Nun kann ich *nie mehr* Kinder haben. Der Schaden ist irreparabel . . .«

Elisabeth Waters, die diese »Bekenntnisse einer terranischen Bewahrerin« schrieb, endete mit einem Appell an ihre begeisterten Mit-Fans:

»Warum ich euch mit all dem hier langweile? Weil ich erst neulich feststellte, daß ich in meiner Dummheit nicht allein dastehe. Da gibt es draußen Leute, die ›Bewahrerin spielen‹. Die sagen: ›Es tut uns leid, was dir passiert ist, aber wir hingegen wissen, was wir tun!‹ Ich hoffe, daß sie es tun, aber ich bezweifle es. Ich dachte auch, ich wüßte, was ich tat, aber es war der Teil von mir, der *mich* eigentlich nicht leiden mochte, dem es egal war, mich verletzt zu sehen, wenn es nur das Leben etwas interessanter machen würde.«

Die Amazonen von Darkover – ein »reales« Modell für Frauen?

In dem Roman *Die zerbrochene Kette* von 1976 ist zum erstenmal der Eid der Amazonen abgedruckt, den diese bei Eintritt in die Schwesternschaft ablegen. In ihm sind Forderungen formuliert, die nicht ins Reich der Phantasie abgeschoben werden können, die für Frauen interessant sind, die von einer Frau aufgestellt wurden, wenn auch im Gewand eines SF-Romanes. Als Beispiel seien die ersten 4 Punkte abgedruckt:

Der Eid der Freien Amazonen

Von diesem Tage an weise ich das Recht zu heiraten zurück, es sei denn als Freie Gefährtin. Kein Mann soll mich je »di catenas« binden, und ich werde auch in keines Mannes Haus je als Nebenfrau leben.

Ich schwöre hiermit, daß ich vorbereitet bin, mich selbst mit Gewalt zu verteidigen, wenn ich durch Gewalt angegriffen werden sollte, und daß ich keinen Mann je um seinen Schutz bitte.

Von diesem Tage an, so schwöre ich, werde ich nie mehr unter dem Namen eines Mannes bekannt sein, sei er Vater, Beschützer, Liebhaber oder Gatte, sondern nur noch einfach als Tochter meiner Mutter.

Von diesem Tage an, so schwöre ich, werde ich mich keinem Manne hingeben, es sei denn aus freiem Willen, zu meiner Zeit, zu meiner Lust; und ich werde niemals mein Brot verdienen als Objekt von irgend jemandes Begierden.

Wenn Ronald M. Hahn hierzu meint: »Der Eid . . . formuliert hingegen jedoch nur die elementarsten Menschenrechte«, so hat er ihn leider nur oberflächlich betrachtet. Sicher, der Eid bleibt »befangen« in Vorstellungen von »partnerschaftlichen Beziehungen zwischen Männern« (Abschnitt 1 und 4), die vielleicht die größte Utopie sind. Aber wenn eine Frau bekundet, sich *wehren* zu wollen, den Namen der Mutter zu tragen, allein über Kindersegen und die Erziehung zu entscheiden und *nur* und *allein* die sich versagenden FRAUEN (der Gilde) als Bezugspersonen anzuerkennen – dann wird hier anderes aus- und angesprochen als in den recht allgemein gehaltenen Menschenrechten. Nebenbei bemerkt werden diese in unserer Welt auch von Staaten akzeptiert, die dennoch Frauen benachteiligen. Was auf dem »Papier« steht, ist noch lange nicht »umgesetzt« in Handlungen, weil das nämlich einen Erkenntnisprozeß in Menschenköpfen zur Voraussetzung hat.

Bei diesem Eid geht es vielmehr um konkrete Forderungen und Stellungnahmen zu eben den Gebieten, in denen gemeinhin Frauen unterdrückt werden.

Das einschränkende, fast erfreute »jedoch nur . . .« in Hahns oben zitiertem Satz läßt darauf schließen, daß er »Schlimmeres« befürchtet hatte, wenn eine Frau über Freie Amazonen schreibt. Aber da er bereits am Anfang seines Artikels der Autorin bescheinigt hat, erkannt zu haben, »daß eine Befreiung nur möglich ist, wenn sie für alle – also auch die Männer – gilt«, mag er unter diesem Blickwinkel die rein feministischen Abschnitte des Amazoneneides nicht wahrgenommen haben . . .

Für Marion Zimmer Bradley ist es kein Wunder, daß z. B. bei den geschilderten Kurzgeschichten-Wettbewerben mehr Stories über »ihre« Amazonen geschrieben werden als über jedes andere Darkover-Thema. So gibt sie im Kommentar zur Geschichte von P. Mathews die Erläuterung:

»In dieser Story (There is Always an Alternative) benutzt sie« (P. Mathews) »ihr Konzept der Freien Amazonen, um ihre eigene Sichtweise der Welt, in der wir leben, zu verdeutlichen und den Platz von Frauen in dieser Welt und allen anderen möglichen Welten . . .«

Und:

»Eine der Hauptfunktionen der Science-fiction – so wie ich sie sehe – ist es, aus gesicherten Verhältnissen heraus und auf dem Papier mit Entwürfen für andere Welten und den (möglichen) gesellschaftlichen Skandalen zu experimentieren.«

Doch warum sind gerade die Amazonen als Modell so attraktiv für Frauen, die Darkover-Geschichten lesen? Die Autorin dazu:

»Viele Leser der Darkover-Stories sind Frauen; und die Gemeinschaft der Freien Amazonen, korrekter die Gilde der Zurückweisenden genannt, ist die ehrenhafte Alternative für Frauen, die nicht genau in die Frauen-Stereotypen einer Gesellschaft passen, die sich ihnen gegenüber repressiv verhält. Es ist leicht für Frauen, die einmal und immer wieder an den Beschränkungen leiden, die ihnen hier auferlegt sind, sich mit denen zu identifizieren, die an den Einschränken *ihrer* Welt leiden und die *aktiv* etwas dagegen tun.«

Als Schriftstellerin ist Marion Zimmer Bradley ehrlich genug zuzugeben, daß allerdings – bei allem guten Willen – viele der eingesandten Amazonen-Geschichten eher »kathartisch« denn »kreativ« sind, »weil sie die Unzufriedenheit der Frauen, die sie schreiben, ausdrücken und so die meisten viel zu düster und bitter sind, um eine gute Erzählung auszumachen.

In dem Roman *Die zerbrochene Kette,* der sich mit den Amazonen und ihrem Leben beschäftigt, spielen interessante Frauengestalten die Hauptrollen. Sie sind es, die Abenteuer erleben, die eine entführte Comyn-Frau aus den Trockenstädten zurückholen, von dort, wo die Männer die Frauen mit Ketten an den Füßen herumlaufen lassen, um sie als Besitz zu kennzeichnen. Doch Melora, von den Amazonen befreit, ist hochschwanger mit dem Kind des Entführer-Vergewaltigers. Ihr Gesundheitszustand verschlechtert sich zunehmend während der anstrengenden Flucht, so daß sie eine Frühgeburt erleidet. Mit einer letzten verzweifelten telepathischen Anstrengung erreicht sie mit ihrem sterbenden Geist ihre ebenfalls befreite Tochter Jaelle, die unter dem psychischen Kontakt mit der gebärenden und sterbenden Mutter zusammenbricht. Das junge Mädchen zieht sich völlig in sich zurück, ignoriert den neugeborenen Bruder, versucht ihre Herkunft und das Schicksal ihrer Mutter zu verdrängen. Bei den Comyn, ihren Verwandten, angekommen, findet sich Jaelle im höfischen Zeremoniell nicht zurecht, ist getroffen von zynischen Bemerkungen. So entscheidet sie sich, mit den Amazonen zu gehen und eine der ihren zu werden.

In ihrem Roman *Herrin der Falken* geht es um das Mädchen Romilly, die die Gabe der MacArans hat, nämlich mit Tieren, besonders Falken, geistigen Kontakt aufnehmen zu können. Doch da sie ein Mädchen ist, kann nicht sein, was nicht sein darf: Ihr werden die Falken versagt, sie soll schnellstens unter die Haube, und ihr Bruder, nur weil er männlich ist, soll der Erbe sein, obwohl er viel lieber bei den *Cristoferos* in Nevarsin bleiben, lernen und meditieren würde.

Romilly entflieht ihrem Zuhause und schlägt sich allein durch die Wälder. Sehr eindringlich eine Szene, wie es ihr gelingt, einer Vergewaltigung zu entgehen, und wie sie zunehmend an Kraft und Eigenständigkeit gewinnt.

Irgendwann kommt sie mit den Freien Amazonen in Kontakt, lebt in deren Gildehaus und lernt, sich ohne Waffen zu verteidigen. In diesem Roman wird auch auf die Frage, ob alle Amazonen lesbisch sind, eingegangen. Romilly erfährt – und mit ihr alle gespannt lauschenden Leser und Leserinnen –, daß es *ihre* Wahl ist, ob sie Frauen oder Männer oder niemanden lieben möchte. Ein Seufzer der Erleichterung mag hier durch die Fan-Gemeinde gegangen sein: Nicht jede an Frauen-Fragen interessierte Frau muß gleich eine Lesbe sein.

Es bleibt zu hoffen, daß zumindest diese Romane deutsche Feministinnen von der inhaltlichen Qualität der Amazonen-Utopie von Marion Zimmer Bradley überzeugen.

Uta Enders-Dragässer/Brigitte Sellach

Die Frauen bei Marion Zimmer Bradley

Marion Zimmer Bradley ist eine Science-fiction-Fantasy-Autorin, die ihren Erfolg in der BRD ihrer Nacherzählung der Artussage aus der Frauenperspektive, dem Buch *Die Nebel von Avalon* verdankt, in dessen Gefolge auch die Auflagen ihrer anderen Bücher angestiegen sind und neue aus dem englischen übersetzt wurden. Wir jedenfalls sind durch dieses Buch auf die Autorin aufmerksam geworden und haben seitdem fast alles mit Begeisterung gelesen, was von ihr in deutscher Sprache erschienen ist.

Was hat uns dabei angezogen, worin besteht die Faszination?

Der Titel unseres Aufsatzes ist eine erste Antwort.

Marion Zimmer Bradley sagt von sich selbst, sie sei keine Feministin, und hat sich immer wieder dagegen gewehrt, so bezeichnet zu werden. So sind auch ihre Bücher keine in Science-fiction oder Fantasy verkleideten Streitschriften für Frauenrechte und gegen die Diskriminierung, Unterdrückung und Ausbeutung von Frauen. Dennoch entstand schon beim Lesen des ersten Buches nach den *Nebeln*, dem Buch *Die Matriarchen von Isis*, bei uns der Eindruck, als habe Marion Zimmer Bradley Forderungen der Frauenbewegung aufgegriffen und aus ihnen eine höchst dramatische, spannende und auch witzige Geschichte gemacht. Wenn sie z. B. Lady Miranda sagen läßt: »Allein die Tatsache, daß Männer als Gelehrte akzeptiert werden, zeugt von Vorurteilen und Ungleichheit. Es ist eine seit langem durch unabhängige Wissenschaftler bewiesene biologische Tatsache, daß das durchschnittliche Hirn eines Mannes kleiner ist als das der Frau, daß weibliche Kinder bei Eintritt der Pubertät größer und schwerer sind, und natürlich auch danach; Männchen sind so von ihren zwanghaften Sexualtrieben anhängig, daß es unmöglich ist, sie zu erziehen. Männliche Kinder kann man natürlich erziehen, wenn man sich sehr viel Mühe gibt. Aber nur in einer von Männern beherrschten Gesellschaft kann sich die Idee durchsetzen, daß ein erwachsener, funktionierender Mann zu einem richtigen Gelehrten werden kann« (S. 39), klingt das sehr vertraut in der Umkehr und knüpft an alle Erfahrungen von Frauen im Wissenschaftsbetrieb an – so ausdrücklich formuliert im Umkehrverfahren hat bisher nur Brantenberg. Unser Ziel ist allerdings jetzt nicht, nachzuweisen, daß Marion Zimmer Bradley doch eine Feministin ist, sondern eher danach zu fragen, wie dieser Eindruck entstehen kann und was ihre Bücher für unser so fortschrittliches feministisches Bewußtsein bedeuten könnten – nachdem wir sie nach der meist sehr sexistisch anmutenden Aufmachung eigentlich in den »Giftschrank« für frauenfeindliche Literatur stellen müßten.

Natürlich können wir hier nicht alle spannenden Frauengestalten von Marion Zimmer Bradley aufgreifen. Für diesen Aufsatz haben wir einige Frauen von Darkover gewählt.

Für Marion Zimmer Bradley hat der Darkoverzyklus keine zeitlich und inhaltlich stimmige Kontinuität, was ihr von ihren Fans immer mal wieder vorgehalten wird. Sie schreibt, nach ihren Aussagen, sehr assoziativ, hat ein Gespür für gute Ideen, die sie phantasievoll weiterdenkt, und scheint darüber hinaus hart zu arbeiten beim Sammeln von Materialien und Anregungen. Wir haben uns in unserer Arbeitsweise davon ein wenig inspirieren lassen und gehen daher ebenfalls weniger systematisch als vielmehr lustvoll assoziativ vor.

Darkover ist der Planet mit der großen roten Sonne und den vier Monden. Auf ihm hat Marion Zimmer Bradley eine von der Erde abstammende feudale Kultur angesiedelt, deren Entwicklung in der Auseinandersetzung mit terranischer Expansion und Technokratie von mit Psi-Kräften begabten Frauen und Männern bestimmt wird. Die paranormalen Kräfte der telepathisch begabten Menschen von Darkover sind das Energiepotential, mit dem sie auf dem kargen und rohstoffarmen Planeten ihr Überleben sichern und das ihnen hilft, sich gegen die Expansionswünsche der Terraner zur Wehr zu setzen, das sie aber auch zu hochsensiblen Wahrnehmungs- und Verständigungsformen entfaltet haben und das sie zu intensiven Gefühlserfahrungen befähigt.

In den Türmen von Darkover finden sich die rothaarigen Angehörigen der Telepathenkaste in Kreisen zusammen, um in Gruppenprozessen ihre paranormalen Kräfte zu aktivieren und zu bündeln. Dabei spielen Frauen eine zentrale Rolle. Sie sorgen als

Überwacherinnen dafür, daß die Angehörigen der Kreise keinen gesundheitlichen Schaden erleiden, und als Bewahrerinnen nehmen sie die paranormale Energie des Kreises auf und konzentrieren sie auf die Aufgabe. Wir erwähnen dies nicht nur wegen der vordergründigen Anziehungskraft und Spannung, die von diesen paranormalen Umtrieben ausgeht, sondern auch, weil wir hier auf Metaphern für Gruppenprozesse gestoßen sind, die nur aus einer weiblichen Kommunikations- und Empathieerfahrung heraus entwickelt werden konnten. Diesen Gedanken werden wir jedoch nicht weiterverfolgen.

Wir befassen uns im folgenden nur mit Frauengestalten von Marion Zimmer Bradley, die außerhalb der Türme leben, in der Regel allerdings auch über das »Laran«, die telepathische Kraft, verfügen.

Unsere erste Entdeckung ist, daß Marion Zimmer Bradley in ihren Büchern Frauen sehr viel Raum gibt; Frauen sind nicht die Anhängsel von Männern, sondern ihnen kommt eine eigenständige, meist dramaturgisch auch bedeutsame Aufgabe für die Entwicklung der Geschichte zu.

»Sie sagte sich, daß alle alten Geschichten von Heldentum und abenteuerlichen Fahrten immer damit beginnen, daß der Held viele Prüfungen zu bestehen hat. Jetzt bin ich der Held – warum ist der Held immer ein Mann? – und auf meiner eigenen Fahrt, und die erste Prüfung habe ich bestanden.« Das läßt Marion Zimmer Bradley die Darkovanerin Romilly zu sich sagen, nachdem es ihr gelungen ist, bei Einsatz all ihrer Geistes- und Körperkräfte eine Vergewaltigung zu verhindern, mit der sie ein Mann zu seiner – rechtlosen – Ehefrau hatte machen wollen. Marion Zimmer Bradley läßt ihre Heldin Romilly dabei nicht nur sehr mutig und entschlossen handeln, sondern in einer ziemlich hoffnungslosen Lage auch sehr überlegt planen. Sie hat anschließend für ihre weitere Fahrt ins Ungewisse wieder ein Pferd zur Verfügung, ist warm genug für die winterliche Kälte gekleidet und mit genügend Eßbarem für die nächste Zeit versorgt.

Das ist fast so etwas wie ein Leitmotiv – Frauen erhalten Raum, ihre Erfahrungen bestimmen das Geschehen. Daraus folgt zweierlei: Indem sie die selbstbewußten und starken Frauen in den Mittelpunkt stellt, bleibt den Helden und Schurken nicht mehr so viel Raum, und das verändert sofort ihre Darstellung, ihr Bild. Das wird durch die Frauenperspektive und die Kontrastierung mit Klischees noch intensiviert. Der strahlende oder düstere Held oder Schurke, der bezwingt und verändert, der phantastische Abenteuer besteht oder gar den Lauf der Geschichte umbiegt, hat da nicht mehr den Platz und die Entwicklungsmöglichkeiten angesichts einer starken weiblichen Macht. Und er muß unliebsame Erfahrungen mit den Frauen machen: Diese Erkenntnis scheint zunächst banal, scheint keine bedeutsame Tatsache zu enthalten. In der Konsequenz eröffnet Marion Zimmer Bradley sich damit aber eine ungeahnte Vielfalt für die Darstellung des Reichtums an Frauenerfahrungen und Frauenleben.

Wie Frauenraum und Frauenperspektive zusammenwirken können, läßt sich an dem Roman *Die Zeit der Hundert Königreiche* gut beobachten. Auf den ersten Blick handelt es sich bei diesem Buch um die gängige Abenteuer-Männer-Geschichte.

Männer, aus dem üblichen Holz geschnitzt, wirken an dem allgemeinen Chaos der Geschichte kräftig mit. Bard und später Paul, das mit Psi-Kräften nach Darkover gezauberte terranische zweite Ich von Bard, scheinen sich im kämpferischen Kraftprotzentum und Chauvinismus gegenseitig zu überbieten. Doch dann kommt es zu einer Entwicklung, die die ganze vorherige Romanhandlung in einem anderen Licht erscheinen läßt. Und diese Entwicklung wird von Frauen eingeleitet und getragen. Carlina, die Priesterin der Göttin Avarra, findet nach der Vergewaltigung durch Bard trotz ihres Zusammenbruches die Kraft, ihn über ihr Laran damit zu konfrontieren, wie er sein Leben lang mit anderen Menschen verfahren ist, auch mit ihr. Für sie bedeutet es, daß sie die Vergewaltigung noch einmal durchleben muß, um ihn, den Vergewaltiger, die Erfahrung des Opfers voll erleben zu lassen.

> Bard fordert sie nach der Vergewaltigung auf, sich doch endlich einzugestehen, daß sie ihn gewollt habe.

Carlina schüttelte den Kopf. »Du hast nie eine Frau richtig kennengelernt, Bard. Du weißt von ihnen nur, was du selbst über sie zu glauben wünschst, und das ist sehr weit von der Wahrheit entfernt.«

»Und was ist die Wahrheit?« fragte er mit beißender Verachtung.

»Du fragst mich«, sagte sie, »aber du wagst es nicht zu begreifen, nicht wahr? Hast du jemals einen Versuch gemacht, die Wahrheit herauszufinden – die wirkliche Wahrheit, Bard, nicht die beruhigenden Lügen, die die Männer sich einreden, um damit leben zu können, was sie sind und was sie tun?«

»Willst du mir vorschlagen, ich solle eine Frau danach fragen und mir die Lügen anhören, die die *Frauen* sich einreden? Ich sage dir, sie alle – ja, und du auch, Lady – wollen beherrscht werden, wollen, daß ihr Stolz gebrochen wird, damit sie sich zu ihren wirklichen Wünschen bekennen können . . .«

Über ihr Laran überträgt Carlina ihm die »wirkliche Wahrheit von Geist zu Geist«.

Und nun erlebte Bard einen großen Teil seines Lebens aus der Rückschau, aber mit den Augen Carlinas, mit ihrer Angst, ihrer physischen Übelkeit, die er in ihr mit seinen Annäherungsversuchen schon als jüngerer Mensch hervorgerufen hat, sieht die Menschen durch seine Hand verletzt werden und sterben, sieht sich immerfort als Gewalttäter.

Die Erfahrung seiner selbst läßt Bard zusammenbrechen. »Bard wußte nicht, daß er sich auf dem Fußboden krümmte, daß er unter dieser Gewalttat (der Vergewaltigung Carlinas, d. A.) schrie, wie Carlina nicht geschrien hatte, die Zähne in die Lippen schlug, ein geschlagenes, gedemütigtes, um den Verstand gebrachtes Ding. Die Welt bestand aus Dunkelheit und seinem eigenen Schluchzen, als er mit Carlina das Entsetzen durchlebte, noch einmal genommen, noch einmal benutzt zu werden. Und *er* hatte an diesem Grauen Vergnügen gefunden . . . Befriedigung und das verächtliche Gefühl, daß sie nichts anderes verdiente . . .

Aber das war noch nicht alles. Sein *Laran* war erweckt worden, und andere Erinnerungen, andere Wahrnehmungen fluteten über ihn hin. Er sah sich selbst . . .

Wieder stand er am Ufer des Sees des Schweigens, und eine Priesterin in einer dunklen Robe verfluchte ihn . . . Er sah sich als ein kleines, krankes, schändliches Ding . . . *der elende Schurke, der du in Wirklichkeit BIST* . . . und er wußte, das war die Wahrheit. Er hatte tief in seine eigene Seele geblickt und sie schlecht gefunden, und von ganzem Herzen sehnte er den Tod herbei, als es weiterging . . . und weiterging . . . und weiterging . . .«

Die Läuterung des Helden, nicht sein Untergang, wird durch die Frau herbeigeführt, in einer für die Auseinandersetzung mit männlicher Gewalt höchst bedeutsamen und originellen Form. Gewalt wird *nicht* mit Gewalt beantwortet. Da Marion Zimmer Bradley aber an der Einsichtsfähigkeit der Männer zweifelt, zwingt sie ihm über das Medium »Laran« das weibliche Erleben seiner Gewalt auf. D. h., weibliche Erfahrung steht nicht mehr nur neben der männlichen, sondern der Täter muß sich auch emotional mit den Folgen seines Handelns auseinandersetzen, muß sie nacherleben und kann sich dem nicht entziehen. Uns fällt dazu der Versuch von Frauen in Hamburg ein, die mit einer Gruppe von Männern arbeiten, die wegen Vergewaltigung verurteilt sind. Die Frauen versuchen, den Tätern ihre Handlung aus der Sicht der weiblichen Opfer zu vermitteln. In der Tat ist die Konsequenz aus Carlinas Vorgehen ermutigend.

Sie eröffnet damit die Möglichkeit, aus dem Teufelskreis von Angriffs- und Verteidigungskriegen herauszufinden und zu einem Vertrag zu kommen, der der darkovanischen Gesellschaft weitere ähnliche Kriege erspart und die darkovanische Kultur auf eine neue Grundlage stellt.

Aber auch die Individuen finden zu neuen Beziehungen. Bard gewinnt die Kraft zum Weiterleben aus dem neuen Wissen über sich selbst, der wachsenden Einsicht in die andere, geleugnete Seite seines Lebens, sein eigentliches, inneres zweites Selbst: »Ich bin geliebt worden, mein ganzes Leben lang, und ich habe es nicht gewußt.« Und da es bei Marion Zimmer Bradley in der Regel doch die Frau gibt, die einen solchen Mann lieben kann, stehen am Ende des Romans viele Wiedergutmachungen, soweit möglich, und ein Neubeginn, auch für Carlina.

In der Darkover-Serie hat Marion Zimmer Bradley das Prinzip, Frauen Raum zu geben, konsequent durchgehalten. Dabei bleibt sie aber in ihrem Konzept der Gesellschaft von Darkover mit beiden Beinen fest auf dem patriarchalen Boden der Realität. Sie entwirft also nicht, wie in dem Buch *Die Matriarchen von Isis* ein Matriarchat, in dem Männer gesellschaftlich nur eine untergeordnete Rolle spielen, sondern die Frauen von Darkover müssen sich immer mit der, auch hier scheinbar naturgegebenen, männlichen Dominanz auseinandersetzen. Das ist uns wieder sehr vertraut. Da Marion Zimmer Bradley darüber hinaus die Frauen nicht zu Göttinnen stilisiert, die über besondere Fähigkeiten verfügen – das »Laran« ist auch Männern eigen –, stehen ihr die vielfältigen Durchsetzungs-, Anpassungs-, Abgrenzungs-, Auflehnungs- und Selbstbewußtseinsformen, mit anderen Worten, alle weiblichen Existenzweisen dieser Welt, zur Verfügung, mit denen sie in ihren Geschichten experimentiert.

Und hier beschäftigt sie sich – und das ist unsere zweite Entdekkung – sehr ernsthaft auch mit dem bisher einzig gelebten Ausweg aus der Ohnmacht gegenüber der männlichen Dominanz des Patriarchats, der Entwicklung einer eigenständigen, autonomen Frauenwelt und -kultur, in der auch Erotik und Liebesbeziehungen ihren Platz haben. Da sie sich eine exotische Welt geschaffen hat, kann sie in ihren Geschichten auch exotische Bilder benutzen – Frauen in Fesseln, eine übliche Metapher, sind bei den Trokkenstädtern von Darkover Ehefrauen, die tatsächlich mit Schmuckketten so an den Händen gefesselt sind, daß ihnen mit den Armen nur ein geringer Bewegungsraum bleibt.

Romilly, die Herrin der Falken z. B., ist eine junge Frau, die sich damit auseinanderzusetzen hat, daß sie über Kräfte verfügt, für deren Entfaltung in dem ihr vorgezeichneten Lebenszusammenhang kein Platz sein wird.

Die junge Frau läßt sich auf ihre *donas*, das *Laran* ihrer Psi-Kräfte, ein und bricht mit den Beziehungen, Abhängigkeiten und Konventionen ihrer Kindheit und Jugend. Ihr werdendes Selbst verkörpert die Falkin Preciosa, mit der sie einen symbiotischen Rapport hat aufbauen können und die Romilly auf ihrem weiteren Weg folgt. An der Falkin wird Romilly immer wieder die eigene Situation deutlich. So heißt es »die Ekstase der Freiheit in den Lüften zu empfinden . . . Nein. Lieber wollte sie sterben, als in solcher Gefangenschaft leben . . .« Über die Beziehung zwischen Romilly und der Falkin bringt Marion Zimmer Bradley das Leitmotiv ihres Entwicklungsromans *Herrin der Falken* (Hawkmistress) immer wieder auf den Punkt: Freiheit – als persönliche Autonomie einer Frau in einer patriarchal-feudalen Gesellschaft

– und Bindung – als tiefe Freundschaft zu Mensch und Tier aus dem Selbstverständnis innerer und äußerer Unabhängigkeit heraus und bei großem gegenseitigem Einfühlungsvermögen.

Auf das Zusammenwirken von Freiheit und Bindung ist das zentrale »weibliche« Thema bei Marion Zimmer Bradley zentriert. Dabei bleibt die Beziehung zwischen Mensch und Tier wie in der *Herrin der Falken* als ein die Geschichte bestimmendes Motiv einmalig. Marion Zimmer Bradley geht es bei diesem Thema vielmehr meist um die Beziehung zwischen Mann und Frau. Da sie die Realität von Frauen in einem hierarchisch strukturierten Geschlechterverhältnis sehr genau beobachtet, auch eigene Erfahrungen dabei verarbeitet, hat sie keine sich wiederholenden Lösungen für das Problem der Bindung unter Wahrung der Autonomie, sondern bearbeitet die ganze Bandbreite der Aushandlungsprozesse zwischen den Geschlechtern. Sie bietet an und überläßt es ihren Leserinnen und Lesern, entweder sich von der Geschichte hinreißen zu lassen und darüber hinwegzulesen oder die eigene Wirklichkeit mitzudenken. Sie nimmt dabei jede Frau ernst, diffamiert nicht, wertet nicht ab, sondern beschreibt sie in der Spannung von Autonomie und einer Bindung, die häufig nur wie eine Unterordnung erscheint, aber auch Anpassung ist. Romilly z. B. entzieht sich zeitweise der Männerwelt, indem sie sich der kämpfenden Schwesternschaft der Entsagenden, den Freien Amazonen, anschließt. Aber sie bleibt nicht in dieser Frauengemeinschaft. Nach einer tiefen psychischen Krise, die durch die empathischen Erfahrungen von Tod und Zerstörung im Krieg ausgelöst wurde, entscheidet sie sich dafür, mit der Schulung ihres *Laran*, ihrer Psi-Kräfte, an der Frage nach ihrer persönlichen Verantwortung zu arbeiten, bevor sie, und das ist gegen Ende des Romans sehr wahrscheinlich, sich auf die langfristige Verbindung mit einem Mann einläßt, der ihre Autonomie respektieren wird. Der Roman schließt daher mit der Hoffnung auf dieses Happy-End, allerdings auch mit der Gewißheit, daß die Heldin nicht nur tapfer, sondern auch klug war, und daß sie sich selbst treu geblieben ist, auch indem sie reif wurde für eine tiefe Bindung zu einem Mann.

Als aufgeklärte Feministinnen, die zwar Romilly diese Reife zugestehen, aber noch längst nicht ihrem vermutlichen Partner, und eigentlich nur dann kann eine Beziehung für beide erfolgreich sein, sind wir dann etwas enttäuscht über dieses »happy?« Ende.

Die Entwicklung Rohanas, der klugen und feinfühligen Comynara, steht für einen anderen Aspekt des Motivs Freiheit und Bindung.

Als bereits ältere Frau begibt sie sich für eine kurze Zeit aus ihrem ansonsten in sehr konventionellen und engen Bahnen verlaufenden Leben als verwöhnte und gehorsame Ehefrau eines Fürsten, um zusammen mit Frauen aus der Gilde der freien Schwesternschaft der Entsagenden, den Freien Amazonen, ihre Verwandte Melora aus der Sklaverei in den fernen Trockenstädten zu befreien. Sie lebt und kämpft mit den Frauen der Gilde, und sie übergibt Meloras Tochter Jaelle nach Meloras Tod auf deren Wunsch Kindra, der Anführerin der Frauengruppe, in Pflege. Sie selbst kehrt zurück in die höfische Enge und nimmt die Beschränkungen wieder auf sich, die ihr als Frau und Fürstin gelten. Aber »sie macht sich ihre Gesetze selbst, diese Dame von den Comyn« . . . Noch einmal beteiligt sie sich an einer Befreiungsaktion, wenn auch nicht mehr persönlich, zugunsten eines Terraners, der einem ihrer Söhne zum Verwechseln ähnlich sieht. Sie hilft Magda, der terranischen Agentin, »ich will Gabriel nicht ungehorsam sein, es ist einen Streit nicht wert, aber ich will behilflich sein . . .« und trifft dabei wieder mit Jaelle, ihrer Pflegetochter, zusammen, die inzwischen eine Frauengruppe der Gilde führt. Ihr gegenüber spricht sie über ihre Situation: »Eine Ehe ist aus vielen dünnen Fäden gesponnen. Gabriel ist nur ein Teil meines Lebens, aber ein Teil, auf den ich freiwillig nicht mehr verzichten würde. Als wir verheiratet wurden, liebte ich ihn nicht, und heute risse es mein Herz in tausend Stücke, sollte ich von ihm getrennt werden.« Sie gibt zu: »Ja, ich wollte einmal alles aufgeben, meine Kinder, das Leben, das ich mir selbst aufgebaut hatte, Gabriel – aber der Preis schien mir zu hoch.«

Dem Eid der Amazonen, nach denen diese nur dann ein Kind gebären sollen, wenn es ihr eigener Wunsch ist, setzt sie die eigenen Erfahrungen entgegen: »Wäre mir die Entscheidung überlassen worden, hätte ich nie ein Kind geboren. Und doch, jetzt, da die Kinder erwachsen sind und ich sehe, daß sie ein Teil von Gabriel und mir sind, das uns überleben wird, jetzt, da es für mich zu spät wäre, meine Meinung zu ändern, bin ich froh darüber, daß die Gesetze meiner Kaste mich gezwungen haben, sie zu gebären, und nach all diesen Jahren habe ich mein Unglücklichsein vergessen – oder vergeben. Und der Preis ist alles, bis auf die Freiheit, Jaelle. Ich glaube, sie wäre zu teuer erkauft gewesen. Aber sicher bin ich mir nicht.« Ihr Stimme brach. »Vielleicht will ich mir gar nicht sicher sein. Der Preis, den ich bezahlt habe, war meine Freiheit. Du besitzt Freiheit; dein Eid bindet dich, sie sogar jetzt festzuhalten, da du sie nicht mehr haben willst. Aber um welchen Preis, Jaelle?«

Für Marion Zimmer Bradley ist typisch, daß sie die Handlungsschemata, wie sie für das Genre ihrer Romane üblich sind, einerseits beibehält und doch andererseits auf sehr überraschende Weise mit manchmal durchaus frauenutopischen Wendungen verändert.

Auf jeden Fall ist sie immer gut für durchaus verblüffende Personenkonstellationen, Situationen und Einschätzungen aus einer sehr bewußten Frauenperspektive. Bei der Gestaltung von Beziehungen greift sie daher auch die homosexuelle und lesbische Variante auf.

In *Herrin der Falken* ist Romilly als Mann verkleidet unterwegs und trifft dabei auf eine Gruppe Männer, die mit dem verbannten König in Zusammenhang stehen. Die Zuneigung eines älteren Mannes der Gruppe erwidert sie, ohne aber zu realisieren, daß er schwul ist und sie als seinen jungen Liebhaber ansieht. Als Frau kann er sie aber dann nicht mehr lieben, ja nicht einmal mehr um sich ertragen. Aus Marion Zimmer Bradleys Frauensicht heißt das bei Romilly: »Es war nichts als verwundete Eitelkeit. Solange er sie für einen Jungen hielt, hatte Orain sie bewundert und ihr vertraut. Als er entdeckte, daß sie eine Frau war, ging das alles in Scherben, und sie war nichts mehr als eine Null, irgendeine Frau, unter Umständen eine Gefahr für ihn. Nun, das war Orains Problem, nicht das ihre. Sie hatte nichts getan, womit sie verdient hätte, rücksichtslos einer Zuneigung beraubt zu werden.«

Marion Zimmer Bradley gibt also auch männliche Homosexualität als Gestaltungsmoment ein, was ihren Romanen eine größere Realitätsnähe und Vielfalt gibt und möglicherweise seinerzeit zu einer Liberalisierung in diesem Genre geführt hat. Sie selbst hat dazu gesagt: »Ich will für nichts anderes streiten als für das Recht jedes einzelnen, das zu sein, was er sein möchte, ohne von der Meinung anderer unterdrückt zu werden«, oder, mit Hinweis auf Homosexualität: » . . .meine Botschaft war einfach die gewesen, daß niemand lieben und gesund sein kann, der sich seiner selbst nicht bewußt ist und sich nicht akzeptiert, wie immer sich auch die eigene Andersartigkeit ausdrücken mag.«

Daher gibt es auf Darkover lesbische Frauen und schwule Männer. Aber die gesellschaftliche (und vielleicht auch Zimmer Bradleysche) Normalität ist heterosexuell konstituiert. Aufgrund der Geschlechtshierarchie heißt das für schwule Männer, daß sie ihr Schwulsein manchmal auch innerhalb des männlich bestimmten Alltags leben können, so wie Orain. Frauen dagegen müssen sich außerhalb der Normalität eine eigene Welt schaffen innerhalb der männlich strukturierten Gesellschaft von Darkover, in der andere Gesetze und Regeln für das Zusammenleben gelten und in die sie sich zeitweise zurückziehen können.

Die Frauen, die mit Männern nicht zusammenleben wollen, und es scheint auf Darkover viele davon zu geben, haben die Möglichkeit, sich zwei Schwesternschaften anzuschließen, den Priesterinnen von Avarra und den Freien Amazonen. Diese beiden Frauengemeinschaften verschmelzen nach Darkovanischer Chronologie später zur Gilde der Entsagenden, einer faszinierenden Frauengemeinschaft, in der auch lesbische Beziehungen in einer großen Vielfalt gelebt werden.

Wenn Marion Zimmer Bradley die Männer und Frauen von Darkover sich der terranischen Zivilisation und Technokratie verweigern läßt, gibt das vordergründig viele spannende Handlungsverläufe. Das scheint auch ihr Hauptthema zu sein, wie sie selbst sagt. Hier liegt die Faszination in den eigenen Träumen vom »natürlichen« Leben und der Angst vor der übermächtigen Technik, der wir ausgeliefert sind. Sie erfüllt mit dem Dauerbrenner des Darkover-Terra-Konflikts nostalgische Wünsche, aber sie erfüllt zugleich Frauenwünsche, nämlich die nach starken und bewußten Frauen, die sich den Werten und Normen männlich orientierter Kultur verweigern, erfolgreich damit auseinandersetzen und die nicht nur klug und mutig wie Romilly ihren Weg gehen, oder wie Rohana die Verantwortung für eine große Gemeinschaft aus dem Hintergrund ohne die ausdrückliche Macht übernehmen. Sie tragen mit ihrer Unabhängigkeit und mit ihrer Einsicht in menschliche Bedürfnisse zur gesellschaftlichen Entwicklung bei, verhindern Chaos und Blutvergießen, machen Versöhnung und Menschlichkeit möglich.

Marion Zimmer Bradley arbeitet dabei oft mit einem Zugleich von Frauenrealität und Frauenutopie.

Das feministisch-utopische Moment gewinnt bei ihr vor allem da an Klarheit und Kraft, wo sie die Gilde, jene einzigartige Frauengemeinschaft, schildert, die sie den feudal-patriarchalen Darkover-Strukturen entgegenstellt. In dem Roman *Die zerbrochene Kette* steht diese Gemeinschaft ganz im Mittelpunkt. Aber auch hier verläßt sie noch nicht völlig die gebahnten Wege des Genres: Wenn Liebe Menschen zusammenbringt und sie verbindet, findet dies zwischen einer Frau und einem Mann statt, und dies inmitten der gleichzeitig geschilderten, doch so trostlosen Geschlechterhierarchie. Sie geht noch *nicht* so weit, auch lesbische Frauen und schwule Männer ihr Glück in der Liebe finden zu lassen; dies wird dann zum Höhepunkt in den Romanen *Gildenhaus Thendara* und *Die schwarze Schwesternschaft*.

In dem Begriff »Entsagende« allerdings scheint die eigene Ambivalenz von Marion Zimmer Bradley zu liegen. Die Amazonen »entsagen« der gesellschaftlichen Anerkennung und Normalität, die ihnen aus der Ehe erwächst – auch in Darkover ist die gesellschaftliche Stellung der Frau über den Mann definiert –. Sie »entsagen« auch der Anerkennung, die sie bei der Zugehörigkeit zu einem der Türme erhalten würden. Sie gewinnen allerdings Freiheit, eine Autonomie der Entscheidung und des Selbstbewußtseins. Sie können ihr Leben gestalten und Dinge tun, die den anderen Frauen als »unweiblich« verboten sind, z. B. Männerkleider tragen. Am Ende des Romans *Die zerbrochene Kette* treten drei Frauen der Gilde sogar in gesellschaftlich hochstehenden Positionen gleichberechtigt neben die herrschenden Männer, um die Geschichte für die Heldinnen zum Guten zu wenden. Worin besteht also die »Entsagung«, in der Ablehnung der Ehe oder gar in der Abkehr von der männlichen Dominanz? Hier lacht sich die Feministin ins Fäustchen und hält Marion Zimmer

Bradley für ertappt – ist sie nicht doch eine von uns, nur als Amerikanerin weniger dogmatisch?

Die Wirklichkeit der Amazonen, die Marion Zimmer Bradley entwirft, wirkt auf uns utopisch und trifft auch unsere eigenen Wünsche, wenn wir uns nach Inseln außerhalb der Geschlechterhierarchie sehnen, auf denen die männliche Dominanz außer Kraft gesetzt ist und wir uns selbst finden und erleben können.

In den überall auf Darkover existierenden Häusern der Gilde leben die Frauen, die sich nicht mehr auf den männerorientierten Alltag auf Darkover, auf Ehe, Geburten, Erfahrungen von Abhängigkeit und Gewalt einlassen wollen. Die Gildenhäuser stellen die Alternative dar, die den einzelnen Frauen nicht nur das Überleben sichert, sondern ein Leben in einer Frauengemeinschaft ermöglicht, in der sie ihre Selbstachtung wiederfinden und ihr Selbstbewußtsein in einer Weise entwickeln können, die für uns das Utopische ausmacht.

Über die Zugehörigkeit zu den Freien Amazonen entscheidet ein Eid, den Marion Zimmer Bradley dem Roman *Die Zerbrochene Kette* voranstellt. Mit ihm verpflichten sich die Frauen, ihre Beziehung zu Männern grundlegend zu verändern, ihre Bindungen und Verpflichtungen ihrer Umwelt gegenüber stellt der Eid auf eine neue Grundlage. Sie haben jeder Versorgung zu entsagen, verpflichten sich zu einem autonomen Leben aus eigener Kraft mit der Verpflichtung, sich mit Gewalt zu verteidigen, wenn sie mit Gewalt angegriffen werden. Mit dem Eid binden sie sich zugleich an die Gesetze der Gilde.

Magda und Jaelle, die beiden Hauptpersonen, verdeutlichen mit ihrer Entwicklung den Gehalt dieser Eidesformel.

Magda ist die terranische Agentin, die auf Darkover geboren und aufgewachsen ist. Sie ist die Expertin im Hintergrund, denn »eine Frau konnte auf einem Planeten wie Darkover im Nachrichtendienst nicht viel tun, denn strenge Moralvorschriften und Tabus beschränkten sie auf ein bestimmtes Verhalten. Anderswo, auf weniger patriarchalischen Planeten, wo Männer und Frauen gleichberechtigt waren, hätte Magda mehr Spielraum für ihr Talent gehabt. *Aber Darkover ist meine Heimat* . . .«

Magda sinniert viel über ihre schwierige Situation, und Marion

Zimmer Bradley äußert sich darin zu den Lebensmöglichkeiten von Frauen auf Terra und auf Darkover.

Magda ist diejenige, die in der Auseinandersetzung mit ihren persönlichen Schwierigkeiten die Situation der Normal-Darkovanerin in dem Roman *Die zerbrochene Kette* darzustellen hat: z.B. sagt sie in einem inneren Monolog: »Ich weiß fünfzehnmal soviel über Darkover wie Montray (ihr Chef und der Vertreter Terras auf Darkover, d.A.) jemals lernen wird. Und doch bin ich nach dem Protokoll nicht einmal als offizielle Dolmetscherin qualifiziert, ganz zu schweigen von einer gehobenen Position, nur weil ich eine Frau bin und Darkover eine Welt ist, wo Frauen nicht in solche Positionen gelangen. Deshalb bin ich durch Zufall der Geburt für immer von der Arbeit ausgeschlossen, die ich am besten verstehe, während ein Dummkopf wie Montray einen ausgebildeten Linguisten braucht, der seine Ansprachen schreibt, und zwei weitere, um ihn an der Hand zu halten, falls er sich verläuft oder hundert Meter außerhalb des Tores nach dem Weg fragen muß! Ich sollte Montrays Posten haben. Er ist nicht einmal für meinen geeignet . . .«

Den Ausweg, auf einem anderen Planeten zu arbeiten, lehnt sie für sich ab.

»Darkover ist die Welt, die ich am besten kenne. Und hier darf ich nur Frauenarbeit tun!

Und sogar die kann ich nur tun, weil ich Terranerin bin. Darkovanerinnen bringen es nicht einmal so weit!«

Magda entschließt sich, den Terraner Haldane zu befreien, indem sie seinen Entführern das geforderte Lösegeld auf einem langen, gefahrvollen Weg überbringt. Sie wird von Rohana unterstützt. Es gibt nun eine Möglichkeit, wie Magda alle Beschränkungen umgehen kann, die den darkovanischen Frauen auferlegt sind, sie muß sich als Amazone ausgeben.

Aber Magda trifft unterwegs auf eine Gruppe Freier Amazonen, die von Jaelle angeführt werden und schnell den Betrug aufdecken. Weil sie unberechtigt als Freie Amazone gereist ist, muß sie nun selbst den Eid leisten. Mit der Unterstützung ihrer Eidesmutter Jaelle gelingt es ihr, Haldane, ihren Ehemann, von dem sie sich allerdings getrennt hat, zu befreien. Sie kehrt nicht zu Haldane zurück, sondern entschließt sich, dem Eid treu zu bleiben, weil sie darin eine Alternative zu Unterordnung und Anpassung sieht.

Zum Schluß des Buches geht sie mit drei Gildenmüttern in das Gildenhaus der Hauptstadt, um dort eine neue Identität aufzubauen. Die drei Gildenmütter werden als starke und sehr kluge Frauen beschrieben, ihre Gestaltung läßt uns daran zweifeln, daß es Marion Zimmer Bradley mit der Konsequenz der »Entsagung« wirklich ernst ist: Millea, die Gildenmutter von Thendara-Haus, Lauria, Vorsitzende des unabhängigen Rates der Handwerkerinnen, und Fiona, Richterin des Städtischen Schiedsgerichts, sind drei der mächtigsten Frauen der Hauptstadt Thendara.

Lauria, Vorsteherin der Handwerkerinnen-Gilde, verhandelt für die Gilde mit dem darkovanischen Herrscher und dem terranischen Abgesandten. ». . .wir gestehen den Comyn nicht das Recht zu, den freien Frauen von Thendara Vorschriften darüber zu machen, welche gesetzmäßige Arbeit sie annehmen oder in welche Beziehungen sie zu den Männern und Frauen des Sternenimperiums treten wollen. Nach dem Willen Hasturs sind die einzigen Frauen, denen erlaubt worden ist, die Männer des Imperiums kennenzulernen, die Frauen in den Bars und Bordellen um den Raumhafen. Wir glauben nicht, daß sie *Terranern* ein wahres Bild über unsere Welt vermitteln. Deshalb sind wir heute hergekommen, um euch solche Dienste anzubieten, die geeigneter zur Entwicklung seiner sinnvollen Kommunikation zwischen unseren Welten sind: als Kartenzeichnerinnen, Führerinnen, Dolmetscherinnen und Fachkräfte aus anderen Bereichen, wo die Terraner Darkovanerinnen einzusetzen wünschen. Im Austausch dafür bitten wir darum, daß eine Gruppe unserer jungen Frauen als Lehrlinge in euren Gesundheitsdienst und andere wissenschaftliche Abteilungen aufgenommen wird.« Rohana hatte Jaelle der Freien Amazone Kindra anvertraut. Jaelle entschied sich dann einige Jahre später, nicht in die darkovanische Frauenwelt zurückzukehren, sondern den Eid als Freie Amazone abzulegen. Als junge und eindrucksvolle Führerin trifft sie Magda. Jaelle unterstützt sie als Eidesmutter bei der Befreiung Haldanes. Die Begegnung mit Haldane bringt aber ihre Amazonen-Identität ins Wanken. Sie verliebt sich. Es beginnt die große Romanze (oder ist es eine feine Ironie, die sehr subtil ist?), denn Haldane und Kyril, ihr Verwandter, sind sich zum Verwechseln ähnlich. Kyril aber belästigt Jaelle. Bei Marion Zimmer Bradley liest sich das dann so: »Er packte sie bei den Armen, und seine Finger gruben sich grausam in das weiche Fleisch. Jaelle konnte ihr unausgebildetes *Laran* nicht kontrollieren, aber bei den heftigen Emotionen drängte es sich ihr auf. Durch die Berührung nahm sie jetzt Kyrils Frustration, Zorn und Verlangen wahr. Er begehrte sie auf primitive sexuelle Weise, in einer Mann-gegen-Frau-Feindschaft . . . Sie stieß ihn von sich, ohne einen Hehl aus ihrem Abscheu zu machen.«

Als es zu einem Konflikt kommt, weil Kyril die Ablehnung nicht hinnehmen will, sagt Rohana, seine Mutter, zu ihm: »Wirklich, mein Sohn? Du erträgst den Gedanken nicht, irgendeine Frau bringe es fertig, dir nicht wie einem Gott zu gehorchen! Und nun hast du geglaubt, sie sei dir auf Gnade und Ungnade ausgeliefert. Wie schäbig du denkst, Kyril!«

Hier kommt Frauensolidarität zum Ausdruck und die innere Autonomie Rohanas, die doch nach außen den Konventionen entsprechend ein abhängiges Ehefrauen-Dasein lebt.

Jaelle aber folgt der Stimme ihrer Liebe, obwohl die Realität mit Haldane ihr manches zumutet. Sie kommt in Konflikt mit ihrem Eid: »Ich war zu jung, als ich den Amazonen-Eid ablegte! Die meisten Frauen entsagen, wenn sie unglücklich sind und wissen, worauf sie verzichten. Ich glaubte, daß ich mich nur von der Sklaverei lossagte und die Freiheit gewann. Ich habe nicht geweint, als ich den Eid sprach. Ich habe nie ganz verstanden, warum so viele Frauen den Eid unter Tränen leisten . . .«

Auf die Frage Rohanas, ob sie Peter Haldane liebe und ihm Kinder schenken wolle, sagt Jaelle: »Wenn er . . . wenn er welche möchte.« Rohana erinnert sie an den Eid, der ihr gebietet, nur dann Kinder zu gebären, wenn sie es selbst möchte.

»Du mußt entscheiden, und vielleicht ist es das, was für mein Gefühl so verkehrt ist, daß ihr Frauen das Recht der Entscheidung für euch beansprucht!«

»Das kannst du mir nicht einreden!« flammte Jaelle auf. »Eine Frau, die sich nicht frei entscheiden kann, ist eine Sklavin.«

»Nur garantiert auch die Freiheit der Entscheidung nicht immer das Glück.«

Aus dem Munde Rohanas kommt das Glück ins Spiel, etwas, das Marion Zimmer Bradley in diesem Roman den Entsagenden noch nicht zu leben gestattet, wohl aber Treue.

Das Glück ist in *Die zerbrochene Kette* noch den Verbindungen zwischen Frauen und Männern vorbehalten, die wie bei Rohana sich allmählich über gemeinsames Leid und Erfahrung entwickeln oder wie bei Jaelle und Haldane als romantische, leidenschaftliche Liebesbeziehung. Die Faszination des Männlichen hat hier über die romantische Liebe nach wie vor ihren angestammten Stellenwert im Kosmos von Marion Zimmer Bradley.

Jaelle wird mit Haldane in einer Partnerschaft leben.

Das sind, so meinen wir, zwei Seelen in Marion Zimmer Bradleys Brust: die Beschwörung der Faszination des Männlichen einerseits und die frauenbewußte präzise Erfassung der weiblichen Lebensrealität und deren utopischer Aufwertung und Veränderung andererseits.

Während aber das Männerbild bei Marion Zimmer Bradley eher traditionell zu bleiben scheint, hat sie ihren Frauenkosmos weiterentwickelt. In den Romanen *Gildenhaus Thendara* und *Schwarze Schwesternschaft* »entsagt« sie der Faszination des Männlichen. Sie beschreibt detailliert und liebevoll einen Alltag unter Frauen, die dem Leben mit Männern und der gesellschaftlichen Anerkennung entsagt haben, die deshalb zu tiefer Treue und Liebe unter Frauen fähig sind. Das Glück der faszinierenden Frauengestalten dieser Romane liegt allerdings nicht im »Happy-End« eines »Ende gut – alles gut«, sondern in ihrer Bereitschaft und Fähigkeit zum Loslassen, zur Veränderung, zur tiefen zwischenmenschlichen Verbundenheit und Verantwortlichkeit.

Und das ist die dritte Erkenntnis aus der Betrachtung der Frauengestalten, die Marion Zimmer Bradley für die Welt von Darkover entworfen hat: Nicht die Welt der Männer, ihre Verhaltensformen oder kulturellen Normen werden weiterentwickelt. Sie werden über das Instrument der Darstellung aus der Sicht starker und reflektierter Frauen eher einer zunehmenden Desillusionierung unterzogen. Das gilt auch für Marion Zimmer Bradleys Gesellschaft Terras. Sie ist als Inbegriff des technologischen Fortschritts der feudalen, offen frauenfeindlichen Kultur Darkovers gegenübergestellt. Sie weist aber hinter einer scheinbaren

Egalität der Geschlechter eine gegenüber Frauen gleichgültige bis ebenfalls frauenfeindliche Struktur auf. Indem Marion Zimmer Bradley die Vielfalt des Frauenkosmos in den Mittelpunkt ihrer Geschichten rückt, wird sie von deren innerer Logik selbst gezwungen, sich weiblichen Gestalten, ihren Kämpfen, Niederlagen und Erfolgen auseinanderzusetzen und sie auch neue Wege finden zu lassen. An den beiden Romanen *Gildenhaus Thendara* und *Die Schwarze Schwesternschaft*, die in der Nachfolge von *Die zerbrochene Kette* geschrieben sind und in denen um die Frauen Magda und Jaelle ein Szenario der Entwicklung und Durchsetzung autonomer Frauengemeinschaften dargestellt wird, können wir diese Tatsache in verblüffender Klarheit ablesen. Marion Zimmer Bradleys »Rezept« erscheint uns sehr empfehlenswert: »Nimm weibliche Figuren wirklich ernst, gib ihnen Raum und Freiheit und du wirst überrascht sein, welche Wege sie gehen werden.«

Im Gegensatz zu feministischen Science-fiction-Autorinnen, die sich die postpatriarchale Gesellschaft ohne die blutige Vernichtung der Männer oder große Umweltkatastrophen nicht vorstellen können (vgl. Holland-Kunz 1986 a,b,c), entwirft Marion Zimmer Bradley die Utopie einer eigenständigen weiblichen Kultur und Gesellschaft innerhalb des Patriarchats. Davon zu träumen, ist im gegenwärtigen Zeitpunkt durchaus genug.

Literatur:

Marion Zimmer Bradley:
- Die Matriarchen von Isis, Bergisch Gladbach 1979
- Die Zeit der Hundert Königreiche, Rastatt 1982
- Herrin der Falken, München 1984
- Die zerbrochene Kette, Rastatt 1985
- Die Schwarze Schwesternschaft, Hamburg/Düsseldorf 1985
- Gildenhaus Thendara, Rastatt 1986

Die Zitate im Text sind diesen Ausgaben entnommen:

Alpers, Hans Joachim (Hg), 1983: Marion Zimmer Bradleys »Darkover«, Meitingen 1983

Brantenberg, Gert, 1979: Die Tochter Egalias, Berlin 1979

Enders-Dragässer, Uta/Sellach, Brigitte, 1986: Die Frauen bei Marion Zimmer Bradley, in: Holland-Cunz (Hg) 1986

Holland-Cunz, Barbara (Hg), 1986a: Feministische Utopien – Aufbruch in die postpatriarchale Gesellschaft, Meitingen 1986

Holland-Cunz, Barbara, 1986b: Politische Struktur und Machtverhältnisse in der feministischen Utopie, in: Holland-Cunz (Hg) 1986a

Holland-Cunz, Barbara, 1986c: Patriarchaler Biozid – feministische (Kultur-) Revolution? in: Politik. Auf der Spur – gegen den Strich. Beiträge zur feministischen Theorie und Praxis Nr. 18, Köln 1986

Florian F. Marzin

Von Albany nach Berkeley

Anmerkungen zur Biographie Marion Zimmer Bradleys

Bis zu ihrem 25. Lebensjahr unterschied sich der Werdegang von Marion Zimmer Bradley kaum von dem Leben unzähliger anderer amerikanischer Frauen, die zur Zeit der Großen Depression geboren wurden. Sie hatte allerdings den Vorteil, daß sich die elterliche Farm nicht im von der Rezession erheblich härter getroffenen Farmgürtel des Mittelwestens befand, sondern in den wohlhabenderen Gebieten der Ostküste.

Marion Eleanor Zimmer wurde am 3. Juni 1930 in East Greenbush, einer kleinen Landgemeinde in der Nähe der Stadt Albany im Staate New York, geboren. Ihre Eltern bewirtschafteten eine kleine Farm und stellten ein recht antagonistisches Paar da, denn der Vater war Farmer und Zimmermann, die Mutter Historikerin.

Schon früh mußte die kleine Marion Zimmer, trotz ihrer schwächlichen Gesundheit, bei der Farmarbeit helfen. Ihre wenig robuste Konstitution war auch der Grund, daß sie erst ein Jahr später als üblich eingeschult wurde, denn sie war zu klein, als daß sie im Winter die eineinhalb Meilen durch Schnee und Eis hätte zur Schulbushaltestelle gehen können.

Im September 1937 begann für Marion Zimmer dann das, was man als den »Ernst des Lebens« bezeichnet. 1943 wechselte sie auf die Columbia High School. Anders als man vielleicht annehmen könnte, war Marion Zimmer keine vorbildliche Schülerin, denn sie schwänzte – besonders in den Jahren 1944 und 1945 – häufig die Schule. Doch anders als ihre Kameraden und Kameradinnen verwendete sie die so erkämpften Freiräume nicht, um sich in der Gegend herumzutreiben oder im örtlichen Drugstore zu sitzen, sondern brachte die freie Zeit in der Bibliothek zu, wo sie alle Bücher verschlang, deren sie habhaft werden konnte. Aus dieser Zeit stammt der Entwurf für einen Fantasy-Roman, dessen Ideengut später, 1962, unter dem Titel *Das Schwert des Aldones* veröffentlicht wurde. Wenn man so will und sich bereitwillig der

Mythosbildung anheimgibt, dann liegen die Anfänge des heute so berühmten Darkover-Zyklus in dem Jahr 1945, wo ein junges Mädchen – angeregt durch ausgiebige Lektüre – daranging, ihre ersten Werke zu konzipieren.

1946 schloß Marion Zimmer die High-School ab und studierte vom September desselben Jahres bis zum Februar 1949 am New York State College for Teachers. In dieser Zeit machte ihr ihre angeschlagene Gesundheit immer wieder zu schaffen, und besonders schlimm war es im Jahre 1947, in dem sie – selbst stark unter Rheuma leidend – für ihre gesamte an Scharlach erkrankte Familie sorgen mußte. Daneben gab sich Marion Zimmer während ihres Studiums den üblichen Aktivitäten eines amerikanischen Science-fiction-Fans hin. Sie besuchte Cons, gab ein eigenes Fanzine, *Astra's Tower,* heraus und veranstaltete in kleinem Rahmen einen Con in ihrer näheren Umgebung.

1948/1949 entwarf sie einen weiteren Fantasy-Roman mit dem Titel *Web of Darkness. Web of Light*, der nach vielfacher Überarbeitung und mehrmaligem Umschreiben 1983 als *Web of Light/ Web of Darkness* (dt. *Das Licht von Atlantis*) herauskam.

Im Februar 1949 verließ Marion Zimmer das College und heiratete im Oktober desselben Jahres den um dreißig Jahre älteren Eisenbahnangestellten Robert A. Bradley. Ihr gemeinsames Hobby, die Science-fiction, hatte das ungleiche Paar zusammengeführt. Mit ihrem Mann zog die neunzehnjährige Marion Zimmer Bradley, die diesen Namen auch nach ihrer Scheidung und Wiederverheiratung als *writers name* beibehielt, nach Levelland/ Texas. In diesem Jahr gewann sie mit einer Story einen von *Amazing* ausgeschriebenen Wettbewerb für Fan-Autoren. Gut ein Jahr später wurde Zimmer Bradley zum erstenmal Mutter. Ihr Sohn David Stephen Bradley kam am 18. November 1950 in Albany zur Welt, da sich Marion Zimmer Bradley zur Geburt ihres Kindes zu ihren Eltern begeben hatte.

Die Anstellung ihres Mannes als Telegraphenbeamter bei der Eisenbahn brachte häufige Versetzungen mit sich, und bevor man in einer Stadt heimisch werden konnte, mußte man schon wieder in die nächste übersiedeln. Schließlich landete die Familie in dem kleinen Ort Rochester/Texas, der mit nur 650 Einwohnern für die Autorin einen kulturellen Schock bedeutet haben muß. Da sie dem amerikanischen Kleinstadt- bzw. Dorfleben nicht viel abgewinnen konnte, es darüberhinaus an intellektuellen Anregungen fehlte, zog sie sich mehr und mehr in ihren privaten literarischen Kosmos zurück.

In den fünfziger Jahren werden die ersten Erzählungen von Marion Zimmer Bradley in einer Reihe von bekannten SF-Magazinen gedruckt. Dazu gehören so bekannte Publikationen wie *The Magazine of Fantasy & Science Fiction*, *Dimensions*, *Vortex*, u.a. weniger bekannte Magazine. 1957 beginnt ein anfänglich rein geschäftlicher Briefwechsel mit Donald A. Wollheim, der auch ihren ersten SF-Roman, *Das Weltraumtor* bei Ace Books, wo er Lektor war, herausbrachte. Im Laufe der Jahre wurde aus dem geschäftlichen Kontakt eine Freundschaft, und Donald A. Wollheim war es, der Marion Zimmer Bradley 1971 den Auftrag gab, einen weiteren Darkover-Roman zu schreiben (*Landung auf Darkover*), obwohl sich die Autorin mit *Die Weltenzerstörer* eigentlich schon von Darkover »verabschiedet« hatte.

Daneben verfaßte Marion Zimmer Bradley für eine Reihe von Verlagen Liebesgeschichten und andere romantische Erzählungen, die in verschiedenen Reihen wie z.B. *Harlequin Romances* oder *True Experience* erschienen. Teilweise wurden diese Werke ohne Verfassernennung publiziert, aber auch unter Pseudonymen wie: Lee Chapman, Miriam Gardner, Morgan Ives. Diese Tätigkeit wird Marion Zimmer Bradley noch lange Zeit beibehalten, um ihre finanzielle Unabhängigkeit zu sichern und dann später, in ihrer zweiten Ehe, die Familie zu ernähren. 1968 wurde sie sogar zusammen mit ihrem zweiten Mann, Walter Breen, Herausgeber eines astrologischen Magazins, dessen Beiträge sie mit ihm fast ausschließlich allein verfaßte. Überhaupt schrieb Marion Zimmer Bradley lange Zeit alles, was irgendeinen Lohn abwarf; dazu gehörten Magazinbeiträge, Lebensbeichten, Schauerromane, Liebesromane und Krimis genauso wie astrologische Artikel und Softpornos.

Im Frühjahr 1962 trennte sich Marion Zimmer Bradley von ihrem ersten Mann und zog nach Abilene, um an der dortigen Universität ihr Studium wieder aufzunehmen. Sie nahm ihren Sohn mit sich und mußte nun neben dem Studium auch noch ihren gesamten Lebensunterhalt durch ihre Schriftstellerei bestreiten. Im Juni desselben Jahres trifft sie den Numismatiker Walter Henry Breen in New York. An eine Heirat ist nicht zu denken, da Robert Bradley eine Scheidung verweigert. Ein Jahr später brachte Marion Zimmer Bradley ihr Studium in Abilene zum Abschluß. Nach dem Herbstsemester begibt sie sich mit Walter Breen an die Westküste nach Berkeley. Der im Darkover-Universum spielende Roman *Das Schwert des Aldones* wird 1963 für den Hugo-Award nominiert, kann sich jedoch gegen Philip K. Dicks *Das Orakel vom Berge* nicht durchsetzen.

1964 erscheint der zentrale Darkover-Roman *Die blutige Sonne*. Im Frühjahr dieses Jahres willigt ihr Mann endlich in die Scheidung ein, und Marion Zimmer Bradley heiratet sofort danach Walter Breen. Ihr gemeinsamer Sohn Patrick Russell wird im gleichen Jahr im Oktober geboren. Knapp vierzehn Monate später folgt im Januar 1966 eine Tochter, Moira Evelyn Dorothy. Marion Zimmer Bradley studiert während dieser Zeit weiter an der Universität in Berkeley und belegt Graduiertenkurse in Psychologie und Literatur. Die Sommer verbringt sie mit ihrem Mann und den Kindern regelmäßig in New York. 1967 übersiedelt die Familie Breen endgültig nach Staten Island/ New York, wo sie bis 1972 leben, um danach wieder nach Kalifornien zurückzukehren und sich in der Nähe von Berkeley in dem inzwischen berühmten Haus und Mekka aller Darkover-Fans, Greyhaven, niederzulassen.

Anfang der siebziger Jahre erscheinen in schneller Folge mehrere Darkover-Romane: *Die Winde von Darkover* (1970), *Die Weltenzerstörer* (1971), *Landung auf Darkover* (1972). Mit dem Roman *Hasturs Erbe* gelingt Marion Zimmer Bradley 1975 der endgültige Durchbruch als Science-fiction-Autorin, und im gleichen Jahr konstituieren sich die *Friends of Darkover*, eine Fangruppe, deren Lebensinhalt Darkover. 1978 erhält die Autorin einen sehr ungewöhnlichen Preis, den *Invisible Little Man Award*, der einem Autor/in zugesprochen wird, auf den die Aufmerksamkeit gelenkt werden soll und der weder den Hugo- noch den Nebula-Award gewonnen hat.

1979 beginnen die vorbereitenden Arbeiten für ein Werk über die König-Artus-Sage. Zuerst sichtet Marion Zimmer Bradley einen Berg von Material und begibt sich dann nach Großbritannien, um auch Nachforschungen vor Ort durchzuführen. Das umfangreiche Werk hatte den Arbeitstitel *Mistress of Magic*. Als die Autorin das Manuskript 1982 ihrem Verleger vorlegte, mußte sie es auf Wunsch des Verlages noch einmal umarbeiten, insbesondere aber den Umfang erweitern. Schließlich wurden daraus *The Mists of Avalon* (*Die Nebel von Avalon*), die 1983 bei Knopf als Hardcover erschienen. Das Werk wurde zu einem durchschlagenden Erfolg und verschaffte Marion Zimmer Bradley besonders in Deutschland den Durchbruch, aber auch den Ausbruch aus dem Getto Science-fiction.

Marion Zimmer Bradleys Name wird aber unlösbar mit der Welt unter der roten Sonne verbunden sein, und viele ihrer Fans wissen gar nicht, daß die Autorin des Darkover-Zyklus eine Reihe von Romanen und Erzählungen geschrieben hat, die keine Beziehung zu Darkover haben.

Im Laufe der Zeit ist Greyhaven zu einem Eldorado für alle Darkover-Fans geworden. Die Autorin lebt dort mit ihrem Mann, der wohl als der wichtigste Darkover-Spezialist bezeichnet werden kann. Er kennt sich inzwischen nach eigenen Aussagen Marion Zimmer Bradleys besser in der komplexen Chronologie und dem umfangreichen Darkover-Kosmos aus als die Schöpferin von all dem selbst. Außerdem lebt noch Marion Zimmer Bradleys Bruder Edwin Zimmer, der inzwischen auch durch einen mehrbändigen Fantasy-Zyklus auf sich aufmerksam gemacht hat, in Greyhaven, das man fast als Schriftstellerkolonie bezeichnen könnte. Zeitweise wird der Haushalt Bradley/Zimmer/Breen durch besonders bedeutende Fans wie Jaida n'ha Sandra ergänzt, die sich durch einige Erzählungen in den von Marion Zimmer Bradley und den *Friends of Darkover* herausgegebenen Storybänden hervorgetan hat.

Bibliographie

Diese Bibliographie ist in zwei Abschnitte gegliedert:

1. Werke von Marion Zimmer Bradley, die von Darkover handeln. Dazu gehören auch von ihr herausgegebene Anthologien mit Erzählungen der *Friends of Darkover*.
2. Andere Romane und Storycollections der Autorin

Nicht aufgenommen wurden Einzelveröffentlichungen in Magazinen und Sammelbänden anderer Herausgeber.

1. Zum Darkover-Zyklus

Die Reihenfolge der Bände entspricht der der inneren Chronologie des Darkover-Zyklus

LANDUNG AUF DARKOVER
(Darkover Landfall)
Rastatt 1984, Moewig Verlag

HERRIN DER STÜRME
(Stormqueen)
München 1979, Knaur Verlag

DIE ZEIT DER HUNDERT KÖNIGREICHE
(Two to Conquer)
Rastatt 1982, Moewig Verlag

HERRIN DER FALKEN
(Hawkmistress)
München 1985, Droemer Knaur Verlag

DIE ZERBROCHENE KETTE
(The Shattered Chain)
Rastatt 1985, Moewig Verlag

DAS ZAUBERSCHWERT

(The Spell Sword)
Rastatt 1985, Moewig Verlag

GILDENHAUS THENDARA
(Thendara House)
Rastatt 1986, Moewig Verlag

DIE SCHWARZE SCHWESTERNSCHAFT
(City of Sorcery)
Rastatt 1986, Moewig Verlag

DER VERBOTENE TURM
(The Forbitten Tower)
München 1981, Moewig Verlag

DIE KRÄFTE DER COMYN
(Star of Danger)
Rastatt 1986, Moewig Verlag

DIE WINDE VON DARKOVER
(The Winds of Darkover)
Rastatt 1985, Moewig Verlag

DAS SCHWERT DES ALDONES
(The Sword of Aldones) (später teilweise in *Die blutige Sonne* eingearbeitet)
Rastatt 1985, Moewig Verlag

DIE BLUTIGE SONNE
(The Bloody Sun)
Rastatt 1982, Moewig Verlag

HASTURS ERBE
(The Heritage of Hastur)
München 1981, Moewig Verlag

SHARRAS EXIL
(Sharra's Exil)

Rastatt 1983, Moewig Verlag

DIE WELTENZERSTÖRER
(The World Wreckers)
Rastatt 1985, Moewig Verlag

Marion Zimmer Bradley und die Friends of Darkover

DER PREIS DES BEWAHRERS
(The Keeper's Price)
Rastatt 1986, Moewig Verlag

SCHWERT DES CHAOS
(Sword of Chaos)
Rastatt 1986, Moewig Verlag

FREIE AMAZONEN VON DARKOVER
(Free Amazons of Darkover)
Rastatt 1988, Moewig Verlag

2. Andere Romane und Collections von Marion Zimmer Bradley

DIE ZWEITE GRÄFIN
(Souvenir of Monique)
München 1970, Heyne Verlag

DIE ENDLOSE REISE
(Endless Voyage)
München 1981, Moewig Verlag

DIE JÄGER DES ROTEN MONDES
(The Hunters of the Red Moon)
München 1981, Moewig Verlag

DIE FLÜCHTLINGE DES ROTEN MONDES
(The Survivors)
München 1981, Moewig Verlag

DAS HAUS ZWISCHEN DEN WELTEN
(House between the Worlds)
Bergisch Gladbach 1983, Bastei Verlag

DAS WELTRAUMTOR
(Bird of Prey)
Frankfurt/Berlin/Wien 1983, Ullstein Verlag

DIE NEBEL VON AVALON
(The Mists of Avalon)
Frankfurt/M. 1983, Krüger Verlag

DAS LICHT VON ATLANTIS
(Web of Light/Web of Darkness)
Bergisch Gladbach 1984, Lübbe Verlag

TOCHTER DER NACHT
(Night's Daughter)
Frankfurt/M. 1985, Krüger Verlag

DER LANGE WEG DER STERNENFAHRER (Survey Ship)
Bergisch Gladbach 1985, Bastei Verlag

DER BRONZEDRACHE
(The Brass Dragon)
München 1985, Heyne Verlag

TROMMELN IN DER DÄMMERUNG
(Drums of Darkness)
München 1985, Heyne Verlag

SIE KAMEN VON DEN STERNEN
(Seven from the Stars)
Frankfurt/Berlin/Wien 1985, Ullstein Verlag

DAS RÄTSEL DER ACHTEN FARBE
(The Colors of Space)
Bergisch Gladbach 1986, Bastei Verlag

GEFÄHRTINNEN DER LIEBE
(Twilight Lovers)
München 1986, Heyne Verlag

DAS SCHWERT DER AMAZONE
(Warrior Woman)
Bergisch Gladbach 1986, Lübbe Verlag

DIE MATRIARCHEN VON ISIS
(The Ruins of Isis)
Bergisch Gladbach 1986, Bastei Verlag

TRAPEZ
(The Catch Trap)
Frankfurt/M. 1986, Krüger Verlag

DIE STERNE WARTEN
(Collection/Originalzusammenstellung)
Bergisch Gladbach 1986, Lübbe Verlag

LUCHSMOND
(Collection/Originalzusammenstellung)
Frankfurt/M. 1987, Krüger Verlag